U0566198

你真的了解博物馆吗？

牛泽坤◎著　　张瑞清◎顾问

图书在版编目(CIP)数据

你真的了解博物馆吗？ / 牛泽坤著. -- 北京 ：北京语言大学出版社，2023.12
ISBN 978-7-5619-6435-4

Ⅰ.①你… Ⅱ.①牛… Ⅲ.①博物馆－介绍 Ⅳ.①G268

中国国家版本馆CIP数据核字（2023）第214300号

你真的了解博物馆吗？

NI ZHENDE LIAOJIE BOWUGUAN MA?

责任编辑：黄慧娟　李　珍
责任印制：周　燚
封面设计：乔　剑

出版发行：北京语言大学出版社
社　　址：北京市海淀区学院路 15 号，100083
网　　址：www.blcup.com
电子信箱：service@blcup.com
电　　话：编 辑 部　8610-82303415
国内发行　8610-82303650/3591/3648
海外发行　8610-82303365/3080/3668
北语书店　8610-82303653
网购咨询　8610-82303908
印　　刷：天津嘉恒印务有限公司

版　　次：2023 年 12 月第 1 版
印　　次：2023 年 12 月第 1 次印刷
开　　本：710 毫米 ×1000 毫米　1/16
印　　张：16
字　　数：123 千字
定　　价：89.00 元

PRINTED IN CHINA

前言

对大多数人来说，博物馆是一个看似十分熟悉，实际却又无比陌生的地方。近年来，伴随着我国文化和旅游事业的快速发展，越来越多的博物馆如雨后春笋般涌现于我们身旁。到博物馆参观迅速成为当下人们日常休闲娱乐的重要方式之一，很多博物馆也化身节假日旅游的热门打卡地。与此同时，随着人们参观的博物馆数量不断增多、参观频率不断加快、对博物馆的了解不断加深，自诩为“博物馆达人”的参观者也随之不断增多，他们自认为已经了解并掌握了博物馆的全部奥秘。但是，身为“博物馆达人”的你，确信自己真的了解博物馆吗？你确信自己真的了解博物馆从业者吗？你确信自己所了解的博物馆就是真实的博物馆吗？

长期以来，公众对于博物馆的误解始终犹如一层夹藏于参观者和博物馆之间透明的薄膜，将公众与博物馆分离开来。这层薄膜或许纤薄，但其透明不易察觉的特性，使其始终难以引发足够的关注与重视。但正是由于它的存在，大量参观者对于博物馆的认知水平长期停留在展览和展品层面，他们很难真正静下心来，多维度、多层次地深入了解那些平时我们看似十分熟悉的博物馆。

本书从作者的亲身经历和真实感受出发，讲述了广大读者对博物馆普遍存在的 30 个误区，以期帮助读者戳破那层长期夹藏于参观者与博物馆之间却始终难以察觉的薄膜，带领大家发现和了解此前关于博物馆的部分误读或猜测。因此，本书不仅是一本讲述博物馆里那些事的书，更是一本帮助读者真正走进博物馆、了解博物馆的书。希望可以在帮助读者进一步了解博物馆的同时，逐步揭开关于博物馆工作的层层神秘面纱，消除人们长期以来的相关误区，为读者还原一个真实的博物馆全貌。

作为一名博物馆工作者，博物馆始终犹如一条主线贯穿我的学习、工作和生活。2017 年，我正式入职梦寐以求的中国国家博物馆。此前，我曾于英国利兹大学攻读硕士学位，专业为“艺术画廊与博物馆学”，这个专业将我与心爱的文博行业紧紧联系在一起。从小到大，我内心始终对博物馆充满热爱和憧憬，并逐步养成了参观博物馆的习惯。长期以来的博物馆游玩、参观、学习以及工作经历，给予了我充足的时间和机会去观察身边的博物馆和来博物馆参观的人们，让我得以透过博物馆爱好者、博物馆专业学生、博物馆从业者等多重身份与视角去感受参观者的所思、所想、所求。在中国国家博物馆工作的五年多时间里，

我精心收集、归纳了工作以来亲身经历或亲遇的 30 个有关博物馆的常见误区。我将根据亲身经历，为大家分享一个个有关博物馆的真实故事，希望能消除大家对博物馆的部分认知误区，带领大家探索博物馆不为人知的潜在角落，让每一个热爱博物馆、喜欢参观博物馆的人都能成为真正意义上的“博物馆达人”，发现一个更真实、更立体的博物馆，同时也争取和一个全新的自己相遇。

此外，本书在写作过程中也得到了“博物馆达人”王美荷小朋友的协助，她的问题启发了我对博物馆误区更深的思考，在此对她的热情参与表示感谢。

牛泽坤

中国国家博物馆

2023 年 2 月于北京

目 录

6 购买博物馆文创产品的你，真的了解博物馆经营吗？

7 你能认出博物馆内的正式工作人员吗？

8 你对博物馆的日常了解多少?

9 你是否渴望来博物馆工作，却怕自身条件不够?

博物馆的名称、归属和选址，你理解得对吗？

只有叫“博物馆”或“博物院”的才是博物馆

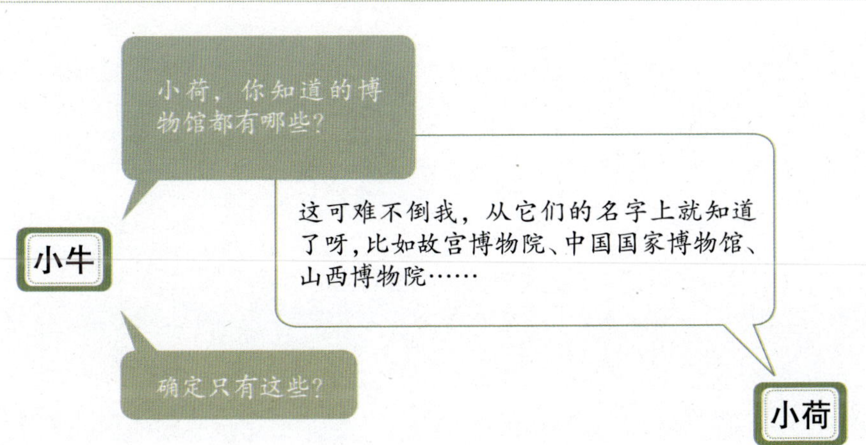

谈及你所熟知或了解的博物馆，你或许能一口气说出很多家博物馆的名字。那么，你不妨随便找一张纸或直接在手机中将短时间内所能想到的博物馆的名字一一罗列出来。怎么样？你是不是发现，你所罗列出的这些博物馆有一个十分明显的特征？即它们的名字几乎都以“博物馆”结尾。当然，如果能确保所写博物馆名字正确的话，你或许还会发现有少量博物馆的名字是以“博物院”结尾的。但是，在你罗列出的博物馆名单中，是否还存在着以其他词语作为名称结尾的博物馆？

2

3

1 4

1 故宫博物院

2 沈阳故宫博物院

3 山西博物院

4 河南博物院

西安博物院

如果没有，那么说明你和大多数人一样，在潜意识中认为博物馆的名字中一定会包含“博物馆”或“博物院”等字眼。你或许认为，这就好比每个人生病后要去医院、诊所或社区卫生服务中心看病一样。“医院”“诊所”“社区卫生服务中心”等词语的作用在于告诉我们生病了可以来这里看病。同样，博物馆名字中包含的“博物馆”或“博物院”等字眼无外乎是在告诉我们，“我是一家博物馆”。然而，此时你是不是也心生疑惑？既然“博物馆”与“博物院”同属博物馆，那彼此称谓上的不同是否暗示着它们之间或许存在着某些不同？“博物院”又是否真的会比“博物馆”高人一头？毕竟“院”字与“馆”字相比，虽然仅是一字之差，但听起来“高大上”了不少。“院”字听起来规模更大，其对应的博物馆级别也一定会相应更高吧？

事实可能要让大家失望了。“博物馆”与“博物院”实际上并没有任何本质区别，它们各自所担负的职责与使命也并无太大不同。不可否认，我国很多名为“博物院”的博物馆往往都有着不可小觑的实力，其中不乏国家一级博物馆的身影，如故宫博物院。但“博物馆”的实力同样也不容忽视。例如，中国国家博物馆虽名为“博物馆”，但其在博物馆体量、藏品数量、办展数量等多个维度上都在国内博物馆中遥遥领先，非国内绝大多数“博物院”所能企及。

那么，究竟是什么原因导致了博物馆名称称谓上的不同呢？原来，“博物馆”与“博物院”这两种称谓在我国都有着较长的使用历史，且至今都依旧在继续使用。博物馆称谓的不同主要源于不同时期人们对博物馆和博物院这两个词的主流理解和官方认定不同。例如，民国时期，南京国民政府颁布的《古物保存法》中使用的说法为“国内各博物院”，当时“博物院”在国内一度有成为所有博物馆统称之势。

中国国家博物馆

“博物院”还因具有永久性含义，可与展览会的临时性相区分，受到了中华民国首任教育总长、北京大学校长蔡元培的推崇。然而，当时间来到 1935 年，“中国博物馆协会”创立，协会名称采用了“博物馆”的称谓。自 1949 年中华人民共和国成立以来，“博物馆”已基本成为我国博物馆的统称。时至今日，无论是《中华人民共和国文物保护法》还是《博物馆条例》，都采用了“博物馆”的称谓。

而今日我们身边依旧能够见到不少的“博物院”，它们中相当部分不过是在继续沿用民国时期以来的馆舍名称罢了。例如，故宫博物院自 1925 年 10 月 10 日宣布成立以来，至今仍旧沿用当时的建馆名称。南京博物院自 1933 年创建国立中央博物院筹备处以来，历经国立中央博物院、国立南京博物院、南京博物院等多次馆名更迭，但“博物院”三个字却始终沿用。

搞清楚了“博物馆”与“博物院”之间的关系，我们不妨言归正传。是否所有的博物馆在名称中都会出现“博物馆”或“博物院”这三个字呢？换言之，是否只有当某个场所的名称中出现了“博物馆”或“博物院”三个字时，它才是一家博物馆呢？

1 南京博物院

2 南京博物院民国馆室内建筑

我们不妨以南通博物苑为例。翻阅南通博物苑的历史与简介，你会发现它不仅是一座博物馆，而且还曾在中国博物馆的发展历史中扮演过极为重要的角色。南通博物苑是著名爱国实业家、晚清状元张謇于1905年创办的，它是我国第一座公共博物馆，被视为中国博物馆事业的发祥地。此时，你会不会心生疑问，南通博物苑作为如此重要的博物馆，为何其名字中选用了“博物苑”一词，而非我们所熟知的“博物馆”或与之同音的“博物院”？

原来，南通博物苑作为我国在博物馆方面的首次尝试，在引入西方博物馆概念的同时，也在积极尝试使之与我国的园林苑囿相结合，从而实现“园馆一体”。所以，张謇将博物馆取名为“南通博物苑”，实则充分考虑了“苑”字的丰富内涵。其不仅可以指代博物馆内的大片园林，同时兼具科学文化荟萃之义，很好地展现了南通博物苑的“馆园结合”理念。

1 2 | 3

1 张謇（1853–1926），中国近代实业家、教育家

2 南通博物苑标志牌

3 南通博物苑新馆

1 南通博物苑中馆

2 南通博物苑的园林

此时，你善于总结归纳的小脑瓜或许正在飞速地完善、更新着你关于博物馆名字的认知与理解。你是不是会觉得，但凡名字中出现“博物”两个字的馆舍，无论其后面缀有何种名词，都可被算作博物馆？或者，仅仅名字中含有“博物”两个字的馆舍才能被称为博物馆？或许，是时候再次颠覆你关于博物馆名字的认知了。

在我国，提及博物馆，人们会率先联想到中国国家博物馆；提及美术馆，人们也一定会立即联想到中国美术馆。且慢，中国美术馆真的是美术馆吗?

如果你浏览过中国美术馆官网中的“我馆概况”页面，你定会为你的发现惊呼，并不由自主地反复告诉自己：“不，这不是真的，一定是我看错了。”原来，中国美术馆在官网中是这样介绍自己的：“中国美术馆是中国唯一的国家造型艺术博物馆。”[1]所以，中国美术馆并不是一座美术馆，而是一座博物馆，而且是一座涵盖美术馆功能的博物馆。相较于一般美术馆，它被赋予了更为丰富且多元的职能与使命，就如其官网中所提及的，“中国美术馆集展览、收藏、

[1] 中国美术馆. 简介 [EB/OL]. [2021 07 06] http://www.namoc.org/jljy/wggk/jj/.

研究、公共教育、国际交流、艺术品修复、文创产业于一体，是中国美术最高殿堂，也是公共文化服务平台”。因此，单纯从馆舍的名字去理解中国美术馆，将其简单等同于美术馆是万万不可取的。

1 中国美术馆外景

2 美在新时代——中国美术馆建馆 60 周年系列展览

那么是否所有的美术馆都是博物馆呢？根据国家文物局每年发布的博物馆名录，绝大部分的美术馆实际上并不属于博物馆，仍旧属于美术馆范畴。倘若查询我国各省级美术馆的官网，你可以看到，除部分省级美术馆只是提及其是省级文化和旅游厅局直属的公益性文化事业单位外，其他省级美术馆基本都明确表明了其美术馆的身份。

此时，你或许会问，那我们平时参观的纪念馆、名人故居是否也属于博物馆呢？答案是肯定的。根据国家文物局每年发布的博物馆名录，博物馆的组成其实极其丰富，除了之前我们提到的“博物馆”“博物院”“博物苑”和少量以“美术馆”命名的馆舍外，还有诸如以“纪念馆”“陈列馆”

1 | 2 / 3

1 中央美术学院美术馆

2 中国人民抗日战争纪念馆

3 邓小平故居陈列馆

“展览馆”“展示馆”“收藏馆”“文博馆”“文物馆”“艺术馆”“民俗馆”“管理处”“古动物馆”“科学技术馆”“天文馆”“科普中心”“史馆”“方志馆”“名人馆”“故居”“烈士陵园”等词语作为名称结尾的博物馆，它们共同构成了我们身边的博物馆。

当然，有些博物馆很特殊，它们或许就是我们平时所参观的那些文物保护单位，它们在名称上直接延续或部分延续了原有建筑自身的名称，如大家熟知的香山双清别墅、北京历代帝王庙等。

等一下,这些文物保护单位怎么又和博物馆扯上关系了呢?

	2 3
	4 5
1	6 7

1 中国共产党历史展览馆

2 国歌展示馆

3 海宁谢氏艺术收藏馆

4 温州市龙湾区文博馆

5 故宫鼓浪屿外国文物馆

6 北京市韩美林艺术馆

7 汶上县中都民俗馆

中國古動物館

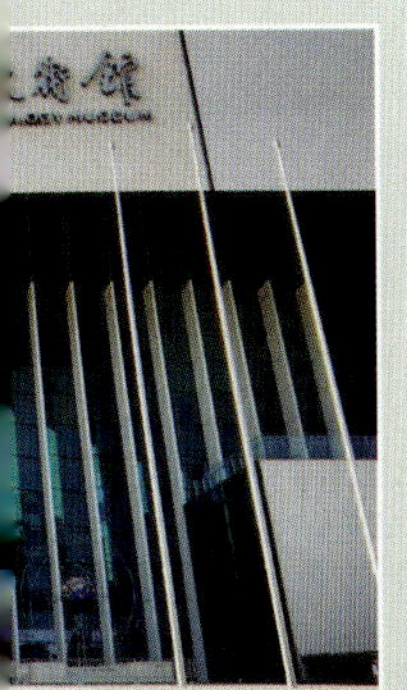

1 2 3 4 5

6 7 8 9 10

1 北京市白塔寺管理处

2 中国古动物馆

3 中国科学技术馆

4 上海天文馆

5 文昌航天科普中心

6 空降兵军史馆

7 长春道台衙门博物馆

8 安徽名人馆

9 北京市李大钊故居

10 淮海战役双堆集烈士陵园

其实，有些文保单位的门口悬挂的牌子上都已标注出诸如“博物馆”“纪念馆”等字样，不知道平时来参观、游玩、学习的你是否有留意到呢？所以说，平时为我们所熟知的文物保护单位或许还有着其他“隐藏身份”，它们或许正是一

座座“隐匿于市井之中”不为我们所知的博物馆呢。

当然，并不是所有文保单位都可被算作是博物馆，具体还是要以国家文物局发布的博物馆名录，中国博物馆协会发布的国家一、二、三级博物馆名单和各博物馆官网上的介绍信息为准哦。

1 | 2

1 香山双清别墅

2 北京历代帝王庙博物馆

常见误区二

所有国有博物馆均归属于文化和旅游、文物系统

你知道这家博物馆隶属于哪里吗？

小牛

明知故问！中国所有的国有博物馆不都是归属于文化和旅游、文物系统嘛。

小荷

想必各位“博物馆达人”作为资深的博物馆铁粉，早已阅遍博物馆无数，对我国博物馆的基本情况也都有了较为全面的了解。但是，当你前往全国各地旅游并到当地的博物馆打卡时，是否有考虑过，这些博物馆都与哪些上级机关存在从属关系呢？你是否笼统地认为，我国所有的国有博物馆都归属于文化和旅游、文物系统？

如果你真是这样认为，千万不要不好意思承认。因为此前我也曾对此深信不疑，直至硕士毕业后到国内多家博物馆找工作时的一次意外发现，才帮助我破除了此前的错误认知。

回国找工作时，我曾前往中国民族博物馆应聘。为了掌握中国民族博物馆的相关情况，我进行了充分准备。但当我通过网络检索“中国民族博物馆”时，中华人民共和国国家民族事务委员会官方网站弹了出来，在其“直属文化事业单

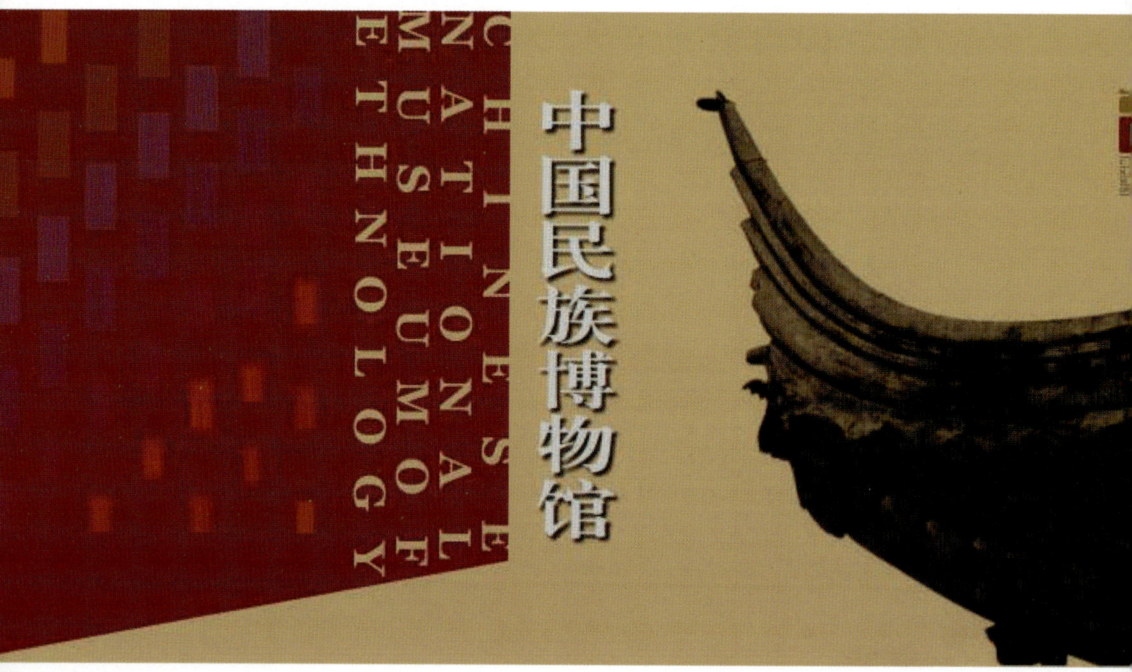

位”里赫然列有中国民族博物馆的名字。这时，我才恍然意识到，原来并不是所有博物馆都属于文化和旅游、文物系统，即使是以“中国”两个字开头的博物馆也很可能归属于其他机构或人民团体。

初窥端倪的我，此后特意加强了对不同博物馆的所属机关、机构或人民团体的关注和了解。经查询各相关博物馆官网，我了解到，在我国的各民族博物馆中，归属于各级民族事务委员会的现象还是有所存在的，比如贵州民族文化宫（贵州省民族博物馆）是归属于贵州省民族宗教事务委员会的，云南民族博物馆是归属于云南省民族宗教事务委员会的。但诸如黑龙江省民族博物馆、海南省民族博物馆等民族博物馆则依旧隶属于文化和旅游、文物系统。

1 | 2

1 中国民族博物馆

2 贵州民族文化宫（贵州省民族博物馆）

1 | 3
2 |

1 云南民族博物馆

2 黑龙江省民族博物馆

3 海南省民族博物馆

如果我们把关注的范围扩大，由民族博物馆扩展至更多的专题博物馆，你可能会惊异地发现，很多你曾参观过的博物馆也并不归属于文化和旅游、文物系统，而是隶属于其他机关、机构或人民团体。

那我们不妨以大家相对比较关注和了解的“国字头”博物馆为例。中国地质博物馆、中国海关博物馆、中国妇女儿童博物馆、中国华侨历史博物馆等多家以“中国”开头命名的博物馆虽同为博物馆，实则隶属于不同机关、机构或人民团体，均不属于文化和旅游、文物系统。它们的实际隶属关系我也早已帮大家查好了，快来看看吧。

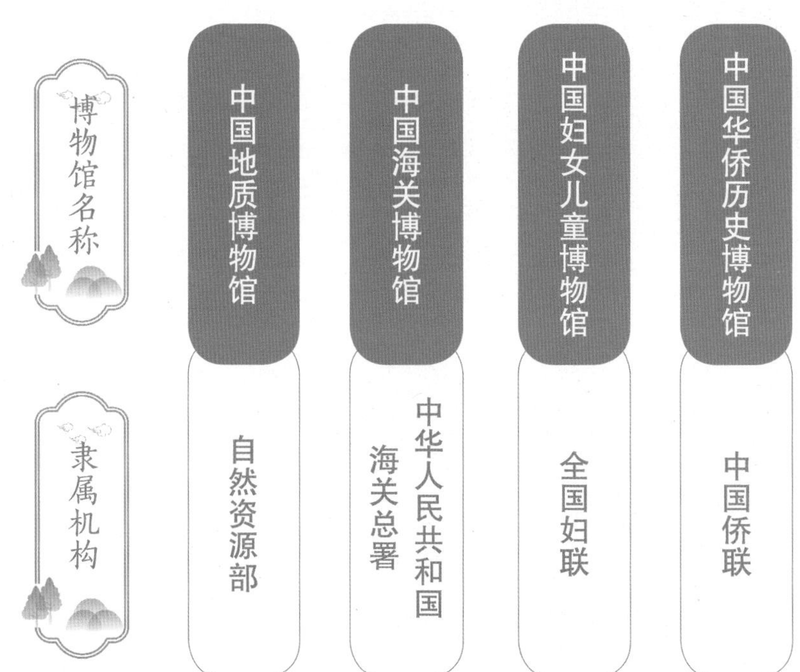

1
2
3
4

1 中国地质博物馆

2 中国海关博物馆

3 中国妇女儿童博物馆

4 中国华侨历史博物馆

获知博物馆真实隶属单位的你，是否感到有些吃惊呢？你是否慢慢开始怀疑起你此前关于博物馆的了解和认知了呢？不过你也不必太过沮丧，因为很多“国字头”博物馆还是隶属于文化和旅游、文物系统的，例如中国丝绸博物馆、中国工艺美术馆、中国非物质文化遗产馆等。

1 | 2

1 中国丝绸博物馆

2 中国工艺美术馆、中国非物质文化遗产馆

常见误区三

博物馆的选址或许很随意

小牛：小荷，你知道这家博物馆为什么会选择修建在这个位置吗？

小荷：这个我哪里知道！或许就是随机挑选的吧。难不成是因为这里交通方便？

常利用节假日或其他闲暇时间前往各地或各处博物馆游览参观的你，是否会选择使用电子导航设备自主前往呢？当你在搜索、定位博物馆具体位置并制定前往路线时，是否思考过这样一个问题：这家博物馆为什么会选择建在这里，而不是其他地方呢？

长期以来，博物馆场馆的选址问题一直被大家所忽略。或许在你看来，前往博物馆的目的往往在于游玩、打卡、参观，博物馆的馆址选择问题或许并没有那么重要，也很难引起你的注意。或许还有不少人甚至会认为，博物馆的选址问题只是个小问题，只要位置空间足够、经费充足，只要不是过于偏僻，在哪里建馆似乎都是可以接受的。那么，博物馆的选址是否真如你所想，是一件随意且没有什么值得讲究的事情呢？

如果生活中你有过看房或购房的经历，那你一定对购买商品房过程中的那些事很是了解。购买商品房时，我们往往需要反复对比、考量房屋的建筑面积、使用面积、所处地段、周边环境、交通状况、绿化情况等多方面的情况，最终才会谨慎地做出购房的决定。此时你或许还不知道，博物馆在选址时需要考量哪些因素，但如果单纯套用你此前购房的经验，你至少可以猜测博物馆的选址可能也会考虑建筑面积、使用面积、所处地段、周边环境、交通状况、绿化情况等多方面因素。而实际上，博物馆选址确实会关注这些问题。建博物馆不仅需要有与博物馆规模相匹配的建设用地，同时还要兼顾交通便利因素，要便于观众前往参观，还需要配有优美、整齐的周边环境，在愉悦参观者身心的同时，也可有效降低烟尘、噪声、震动等其他外在环境因素对馆藏文物造成的潜在安全影响。所以至少现在看来，博物馆的选址还是有一些讲究的，而且也不太难理解。

那么，博物馆的选址问题仅限于此吗？当然不是。博物馆的选址固然离不开对周边交通、地段位置、占地面积等因素的综合考量，但这些因素往往很难真正成为影响博物馆选址的关键因素。我们知道，博物馆的选址远比个人购房要慎重和艰难得多，需要考虑的问题也更加复杂。那么影响博物馆选址的关键因素到底有哪些呢？

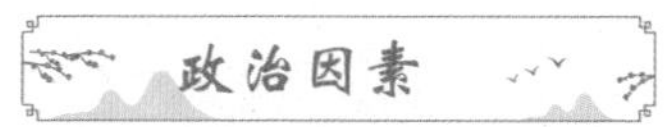

政治因素

政治因素长期以来都是影响博物馆选址的重要因素之一。但作为文化机构的博物馆又是怎么和政治联系起来的呢？

记得在英国读研时，英国莱斯特大学的某位教授曾在一次校园开放日的公开课上特别强调了政治因素与国家博物馆馆址间的紧密关联。通常，每个国家的国家博物馆会被建设在城市内的重要或核心区域，且该区域多具有浓厚的政治色彩或政治含义。

那么，我们不妨将视线转移至坐落在我国北京天安门地区的中国国家博物馆。现今的天安门地区在建筑格局上沿袭了中国传统以来“左祖右社”的营建规制。人民大会堂作为党、国家和各人民团体举行政治活动的重要场所，与古人所说的社稷相对应，因而伫立于天安门广场的西侧。中国国家博物馆是代表国家收藏、研究、展示、阐释中华文化代表性物证的最高历史文化艺术殿堂，负有留存民族集体记忆、传承国家文化基因、促进文明交流互鉴的重要使命，也是国家

文化客厅，其所承载的功能与使命同古代祖庙的职能相吻合，因而位于天安门广场东侧。中国国家博物馆不仅位于祖国首都北京的心脏——天安门地区，同时在区位上更是与人民大会堂隔天安门广场彼此相对。因此，中国国家博物馆的位置相当重要，政治色彩比较浓烈，同时这也意味着中国国家博物馆与生俱来就肩负着较其他博物馆更为突出的政治使命。

1 | 2

1 伫立于天安门广场西侧的人民大会堂

2 位于天安门广场东侧的中国国家博物馆

历史传承因素

如果你参观过的博物馆数量足够多，你或许会发现，其中有不少博物馆是在原有古代建筑的基础上通过直接改造或现场保护的方式华丽转身而来的。它们利用原有建筑的馆舍作为博物馆展馆，在保护原有建筑的同时，将其开辟成博物馆对外开放。其中最著名的无疑就是故宫博物院了。它们以实际行动践行了《博物馆条例》中关于“博物馆馆舍建设应当坚持新建馆舍和改造现有建筑相结合，鼓励利用名人故居、工业遗产等作为博物馆馆舍”的相关建议与要求。

故宫博物院全景

当然，有些博物馆也会选择将馆址建设在关联遗址或历史遗迹的附近，博物馆化身为遗址或历史遗迹的配套文化设施，为人们深入地了解遗址遗迹背后的文化提供参观上的便利。建于浙江杭州良渚古城遗址公园附近的良渚博物院就是其中很好的一个例子。

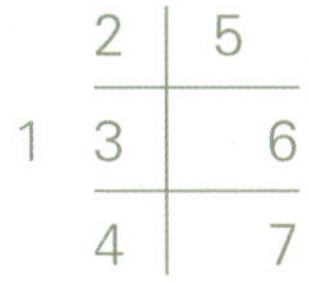

1—5 良渚古城遗址公园

6—7 良渚博物院

此外，还有一些博物馆会选择直接建设于已发掘的古墓葬或古代遗址的正上方，也就是专业上所说的原址保护。其目的在于最大限度保护古墓葬或古代遗址的原貌，加强对古墓葬或古代遗址及相关发掘器物的保护，为大家还原一个最真实的参观环境，譬如现位于广东广州的南越王博物院（2021 年 9 月由西汉南越王博物馆与南越王宫博物馆合并组建而成）等。

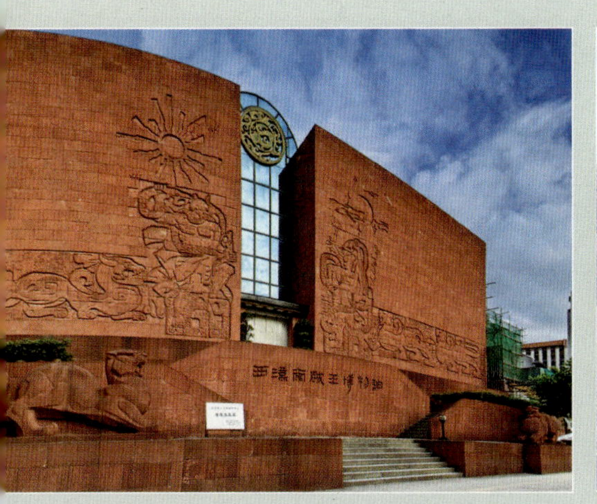

1	2	3
	4	5

1 南越王博物院

2—3 原西汉南越王博物馆

4—5 原南越王宫博物馆

此时的你是否已经开始逐步意识到博物馆的选址问题背后所隐含的种种讲究了呢？其实，了解博物馆的选址原因和其背后的讲究对于帮助大家更好地参观博物馆还是有一定实用意义的。例如大家可以以此更加准确地推断出一家博物馆的特色与强项。比如中国国家博物馆位于具有政治意义的天安门地区，因而反映和弘扬优秀的红色革命文化和中国特色社会主义文化成为中国国家博物馆的重要使命和重点强项。而建于遗址旁的遗址博物馆则往往会以不远处的遗址为关注重心，全方位地介绍该遗址的相关发现及最新考古研究情况。

2

博物馆真如你想象中那般“财大气粗”吗？

常见误区四

国有博物馆经费完全依赖国家或地方财政补助

小牛：小荷，你觉得咱们国家的国有博物馆日常的运营经费都是从哪里来的呢？

小荷：这还用问，当然是国家拨款或地方财政支持啊。

小牛：或许并没有你想的那么简单哦。

目前，我国国有博物馆多为公益性事业单位。常来博物馆参观的你，想必也享受过不少因国有博物馆免费开放而带来的福利吧？自2008年起，全国博物馆普遍开始实施向社会免费开放的政策。博物馆免费开放离不开中央设立的免费开放专项经费的支持，该经费专项用于缓解由于免费开放给博物馆带来的经费紧张问题。然而，你可曾想过，由国家拨付的免费开放专项经费真的足够负担起补助博物馆、纪念馆免费开放所需经费支出，以及鼓励改善陈列布展，支持博物馆提升公共服务能力的实际开支吗？博物馆的经费，真的是仅仅由国家或地方财政补助单独构成吗？

根据2013年6月财政部印发的《中央补助地方博物馆、纪念馆免费开放专项资金管理暂行办法》，其补助范围在于补助博物馆、纪念馆免费开放所需经费支出，提升公共服务能力，鼓励改善陈列布展，提升藏品保护、陈列展览、学术研究、人才培养、交流合作、社会教育支出等多个方面。但是，实际情况却是“博物馆将几乎全部经费都用于支付水、电、保安、物业等基本运转支出，没有多余的资金投入展览及提升改造”[2]。因此，面对经费紧张的问题，博物馆常不得不使用馆内资金进行适当贴补。

此时，你或许会认为，此类问题仅限于免费开放专项经费层面，而博物馆作为非营利性事业单位，其经费一定是由财政全部负担了。

其实，在我国确实有一部分国有博物馆的经费来自财政的全额拨款。目前，国内博物馆依据经费来源占比的不同主

[2] 郭春媛．地方财政对国有博物馆经费投入思考——以郑州地区文化文物系统国有博物馆为例[J]．文博，2016(06):104-108.

要可分为三种类型，分别是全额拨款、差额拨款和自收自支。其中，差额拨款和自收自支的博物馆显然需要面对财政拨款不能覆盖全部博物馆经费或没有财政拨款的问题。那么对于财政全额拨款的博物馆来说，来自国家或地方的财政拨款真的就能满足其日常开支的基本需求吗？

故宫博物院前院长单霁翔曾指出，“即使财政全额拨款的博物馆，长期以来相当一部分经费也要靠自筹，一些博物馆每年运行经费的50%—60%靠自身筹措”[3]。由此可见，包括财政全额拨款的博物馆在内的所有的博物馆其实都面临着经费筹措的压力。如何提升博物馆的自我造血能力，缓解经费压力已成为博物馆的当务之急。

2015年2月，中华人民共和国国务院令第659号正式公布《博物馆条例》，明确提出“国家鼓励设立公益性基金为博物馆提供经费，鼓励博物馆多渠道筹措资金促进自身发展”。博物馆得以允许通过多渠道自主筹措资金，以缓解经费方面的压力，弥补经费不足。伴随社会的发展及博物馆相关经验的不断丰富，博物馆筹措资金的方式正变得越来越多元，比如展览借展费、文创经营收入（IP授权）、餐饮经营收入、场地租赁收入等。

博物馆靠借展也能创收？是的，你没有看错，展览借展费长期以来可都是博物馆重要的收入来源之一。毫不夸张地说，在博物馆文创产业兴起之前，借展费收入甚至可以占据部分博物馆年收入的半壁江山。由于不同博物馆往往都有着独特且丰富的展览资源和馆藏资源，展览与藏品交流可以极

[3] 单霁翔. 我国博物馆市场营销的探索 [J]. 北方文物，2013(04):102-108.

大地促进博物馆间的交流与合作，推动展览资源与藏品资源的流通，因此，博物馆多采取收取或支付借展费的方式开展展览合作。例如，2023 年 5 月 18 日，“熠熠朝辉——故宫博物院典藏清代金银器”展览在呼和浩特博物院举办，共展出文物 108 件（套），包含了大量来自故宫博物院的藏品。当时，呼和浩特博物院便与故宫博物院政采了“‘熠熠朝辉——故宫博物院典藏清代金银器’展览文物借展服务”，并支付相关借展费用。

2

1 3 4

1 呼和浩特博物院

2 “熠熠朝辉——故宫博物院典藏清代金银器” 展览

3 “熠熠朝辉——故宫博物院典藏清代金银器” 展品金累丝嵌宝大吉葫芦挂屏

4 “熠熠朝辉——故宫博物院典藏清代金银器” 展品金镶宝五蝠纹圆盒

谈到文创，大家一定不会陌生。现阶段，该部分收入构成了众多国内博物馆收入的主要来源。如果你经常关注或购买博物馆文创，你一定会发现文创产品的设计原型多来自博物馆内的精品馆藏与展览展品，而这些来自博物馆馆藏文化资源的经典元素恰恰构成了博物馆知识产权的重要组成部分。为了更好地开发博物馆文创产品，博物馆常倾向于使用IP 授权方式授权社会企业来设计、生产文创产品。例如，北京物喜堂科技有限公司不仅是《国家宝藏》IP 独家授权运营方，也是三星堆博物馆等博物馆 IP 的深度合作方，三星堆博物馆正是通过与其进行 IP 授权的方式开发出了“祈福神官盲盒”等一系列耳熟能详的文创佳作。同时，近年来，博物馆也开始越来越多地出现在各类 IP 授权或其他各类相关展会上，如中国国际品牌授权展览会、香港国际授权展（HKILS）、中国国际服务贸易交易会等，不断推动博物馆文创产业的 IP 授权及对外宣传工作。

1 三星堆博物馆

2 三星堆博物馆“祈福神官盲盒”

3 中国国际品牌授权展览会

4 2019 年中国国际服务贸易交易会中国国家博物馆展区

另外，同博物馆文创一样，不同博物馆纷纷推出独具博物馆特色的美食产品，如文物雪糕、棒棒糖、中秋端午节日礼盒等各类产品。这些产品在满足消费者大快朵颐的同时，也能让他们更好地感受到一种文化、一种情怀。

除此之外，博物馆偶尔也会发挥自身场地优势，通过临时租借博物馆内部分场地或有偿提供剧场、活动服务的方式，为其他单位（多为各部委机关）举办各类活动提供场地与举办支持。但与商业剧场不同，博物馆举办此类活动并非完全想要拉动博物馆创收，而是为了更好地配合国家发展战略及国家外交大局。

1 2 | 3

1 国博美馔“月出东山”中秋礼盒

2 国博美馔中秋礼盒中的月饼

3 中国国家博物馆文创雪糕

所以，当你获知原本高高在上的博物馆也会时常面临经费紧张的情况时，会不会产生一种更加珍惜博物馆当前展览和服务的感觉呢？如果你对当下的博物馆展览和参观体验感到满意，那不妨在博物馆静静地点上一杯咖啡，或者挑选一两件心仪的文创产品，回馈一下尽管面临经费紧张仍竭诚为大家提供优秀展览作品和其他各项服务的博物馆吧。

常见误区五

博物馆普遍对经费的需求不高

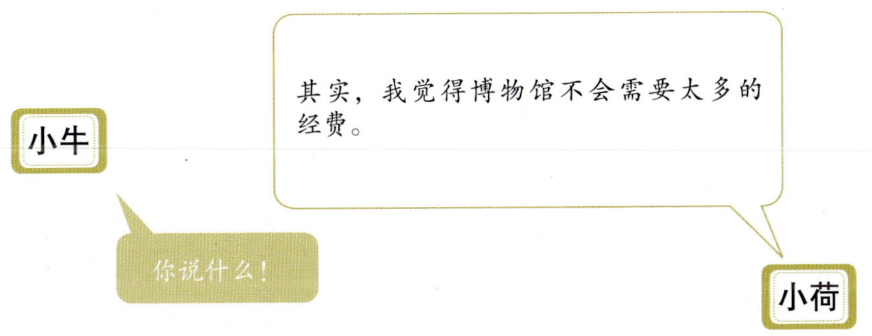

此前，我们已部分提到博物馆长期遭受经费紧张问题的困扰。在你的内心深处，你是否已经将其问题根源不自觉地归结为你所认为的博物馆长期以来对经费需求程度不高呢？那么导致博物馆经费紧缺的根源是否真的如你所想呢？

关于上述问题的答案，博物馆馆长的回答无疑是最权威也是最令人信服的。故宫博物院前院长单霁翔曾就此发表意见，他认为造成这种情况的根源在于人们往往只愿从公益性方面评价博物馆的社会效益，普遍认为博物馆是“只投入、不产出，或多投入、少产出的被抚养单位。实际上，虽然博物馆的社会功能主要体现在精神、文化等方面，但是即使只算经济账，博物馆也是投入少、产出多的事业单位，而不是财政包袱”[4]。

“兵马未动，粮草先行”，博物馆各项工作的正常开展自然也都离不开经费的支持，就如同鱼儿离不开水一样。博物馆部门繁多、工作事项繁杂，这也决定了博物馆有着数量众多的开支渠道与经费需求。因此，博物馆对于经费的需求和依赖程度还是十分巨大的。例如，最为大家熟悉的文创产品经营，就是博物馆提升自身造血能力、缓解经费紧张问题的一种积极尝试。

如果此时你仍然坚持认为，博物馆对经费的需求是相对有限的，且长期维持较低水平，那么不妨让我给大家粗略讲讲目前我所从事的博物馆对外工作中出入境展览的那些事吧，或许会帮助你改变此前的认知。

---

[4] 单霁翔. 我国博物馆市场营销的探索 [J]. 北方文物，2013(04):102-108.

不同于博物馆举办的基本陈列或一般性临时展览，出入境展览多是以服务国家外交大局为使命、促进中外文化交流为目的、实现文明交流互鉴为目标的。因此，出入境展览往往会更加贴合于国家外交大局并注重对文化效益的输出及影响。这也决定了其对经费有着更高需求。

以 2019 年中国国家博物馆举办的“殊方共享——丝绸之路国家博物馆文物精品展”为例，该展的经费支出无疑是“巨大”的。当然，这里说的“巨大”是相对于博物馆平时其他同类展览的经费而言的。如果你执意要拿它和企业动辄数千万、上亿元的投资或项目相比的话，那只能说明你真的太热爱博物馆了。虽然此处不便透露展览经费的具体数额，但该数额确实也足以举办多场其他博物馆展览了。

该展览的经费支出远高于其他同类型展览的原因主要在于以下两个方面。一方面，这次展览是落实 2018 年 11 月中国国家博物馆牵头举办首届丝绸之路国际博物馆联盟大会并签署《丝绸之路国际博物馆联盟展览合作框架协议》的具体举措，被纳入“亚洲文明对话大会”框架。为此，中国国家博物馆全力支持该展览的筹备和举办工作，不仅为其提供了展厅支持，也为其提供了充足的经费支持。另一方面，在具体实施层面，由于该展览以“一带一路”为设计主线，因此，参与合作的国际博物馆数量众多，这为展览的筹备和布展等工作带来一系列难题，如沟通协调难度大、藏品运输困难等。同时，由于涉及合作的国际博物馆数量较多，随之产生的诸如借展费、国际运费、展品保险等相关费用相对其他出入境展览也显著增加。

殊方共享

丝绸之路国家博物馆文物精品展

Sharing a Common Future

Exhibition of Treasures from National Museums along the Silk Road

中国国家博物馆
NATIONAL MUSEUM OF CHINA

1 “殊方共享——丝绸之路国家博物馆文物精品展”开幕式

2 殊方共享——丝绸之路国家博物馆文物精品展

3 “殊方共享——丝绸之路国家博物馆文物精品展”展品——罗马尼亚国家历史博物馆藏存贮器皿

1 2 3

1 “殊方共享——丝绸之路国家博物馆文物精品展”展品——哈萨克斯坦共和国国家博物馆藏“金人”服饰和武器（复原）

2 “殊方共享——丝绸之路国家博物馆文物精品展”展品——俄罗斯国家历史博物馆藏中国帆船造型的墨水台

3 “殊方共享——丝绸之路国家博物馆文物精品展”展品——波兰国家博物馆藏长壳钟和柜子

作为一名普通参观者，当你走进展厅，看到的或许仅仅是一个个简单的国家名称和一件件来自相关各国的精美藏品，往往很难感受到其背后办展过程中的艰辛和鲜为人知的巨大经费支持。虽然“殊方共享——丝绸之路国家博物馆文物精品展”在当时是免费对外开放的，但如果你在博物馆中再遇到单独收费的出入境展览时，千万不要因为区区几十元的额外展览参观费用而与其失之交臂。因为，这样的收费展览的背后往往暗含着博物馆的大笔经费支出，其展览的精彩程度也绝对不会让你失望。

当然，博物馆对外交流工作绝不单纯限于出入境展览一项，还会涉及国际合作平台的搭建和运维、国际会议的筹备与举办、国际间人员交流、外事接待、翻译等诸多方面。同样，它们也都离不开博物馆经费的支持。因此，单就博物馆的对外交流工作而言，其所涉及的工作类别就已是纷繁复杂，其对于经费的依赖和需求也是相对旺盛和巨大的。如果我们将眼光移远，放眼于整座博物馆，涉及的工作事项只会更加繁杂，对于经费的需求也只会更加迫切。

博物馆展览的布展工作和办展初衷是否确如你所想？

常见误区六

展览是博物馆对藏品的简单罗列

小荷，怎么你也来排队看这个展览？

小牛

我身边的朋友都看过这个展了，我要再不赶紧来看，就和他们没有共同语言了。

小荷

如今，大家来博物馆参观的目的正变得越来越明确，不再完全是我们口头上常说的了解中华优秀传统文化、学习历史、感受先人伟大智慧等。更多人专程前来或许只为单纯参观其中的某一个展览。你是否也有过这样的经历呢？当了解到近期某某展览正在某某博物馆举办且该展览异常火爆后，你是否也曾为了一窥该展真容，不远万里前来完成网红藏品“打卡任务”，甚至不惜在展厅门口排数个小时的长队？

然而，透过博物馆展览参观热的表象，我们又是否知道其中到底有多少人是亦步亦趋,来参观展览仅仅是为了打卡、拍照、晒社交媒体，告诉大家我来过了？又有多少人真正把注意力放在展览上面？相比“大展”展厅里的摩肩接踵，隔壁展厅内观众的寥寥可数可能就是最好的回答了吧。

此时很多人一定心有不服。你或许会解释说，不同展览展厅参观人数极度不均衡是由大家对于新展的新鲜感和对于藏品的好奇感所导致的，其他展厅人少可能是因为展陈时间较长。你或许还会解释说，专程来博物馆看展的原因其实并不是什么随大流，而是被展览中展陈的丰富、藏品的精彩牢牢吸引。

我们不妨静静地回想一下，当你来博物馆观展前，究竟是何种力量促使你专程前来只为看一个展览？根据我在博物馆展厅内的长期观察及交流，对部分参观者而言，他们的参观目的并不完全在于想了解展览或藏品背后博物馆想要传达的某种精神文化价值或深刻历史内涵，相反，他们往往是因为受到了展厅中明星藏品或重要展品的强烈吸引而选择前来参观的。“听说 ××（明星藏品或重要展品名）正在 ××

展览展出呢，时间很短，一定要抓紧去看呀。”我想这样的聊天你一定不会陌生吧？

当然，不可否认的是，相当部分的参观者在观展前能部分认识到相关展览的意义与价值。但在观展时，人们在内心深处还是更愿意将展览视为博物馆对藏品的一次集中陈列，将参观展览的过程比作享用一顿由丰富的博物馆藏品或外来展品构成的一次视觉盛宴。

湖北省博物馆藏元青花四爱图梅瓶

如果你仅仅认为参观展览是在享用一次视觉盛宴，而非一次文化盛宴或是精神盛宴，我只能说你在观展时真的是错过了太多精彩内容。或许你会说，展览中的藏品就已足够精彩，足够我参观的了，殊不知展览的精髓往往在于展览本身，而非展览中的单件展品。如果你过于执着于展览中的展品，那真可谓是“捡了芝麻，丢了西瓜”。

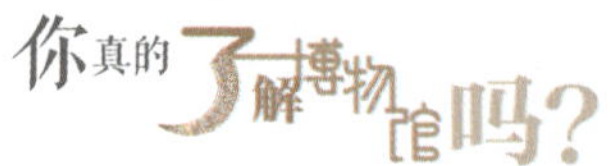

如果此时的你很不服气，那么不妨试想一下，当你走进博物馆展厅，发现展厅内仅仅是粉刷洁白的墙面、地面上统一铺就的地毯、整齐码放的一个个展柜，以及其中密密摆放的大量展品，请问此时你还会有兴致将展览看完吗？

实际上，展览可谓是一件真正由博物馆人亲手打造完成的艺术品。它主题突出、特色鲜明，是一件融合了诸多匠心的综合性艺术品。而博物馆网上或数字展厅的上线和博物馆展览图录的出版就在于记录下这一件艺术品，方便大家随时重温、翻阅和回顾。

例如，为方便各地观众线上观展，同时记录博物馆内曾展出的各类精品，中国国家博物馆充分利用现代拍摄记录手段及互联网等相关技术，推动实现了博物馆展览的数字化。截止到 2023 年 7 月 12 日，中国国家博物馆已累计于“中国国家博物馆数字展厅”上线展览 77 个，观众得以通过第

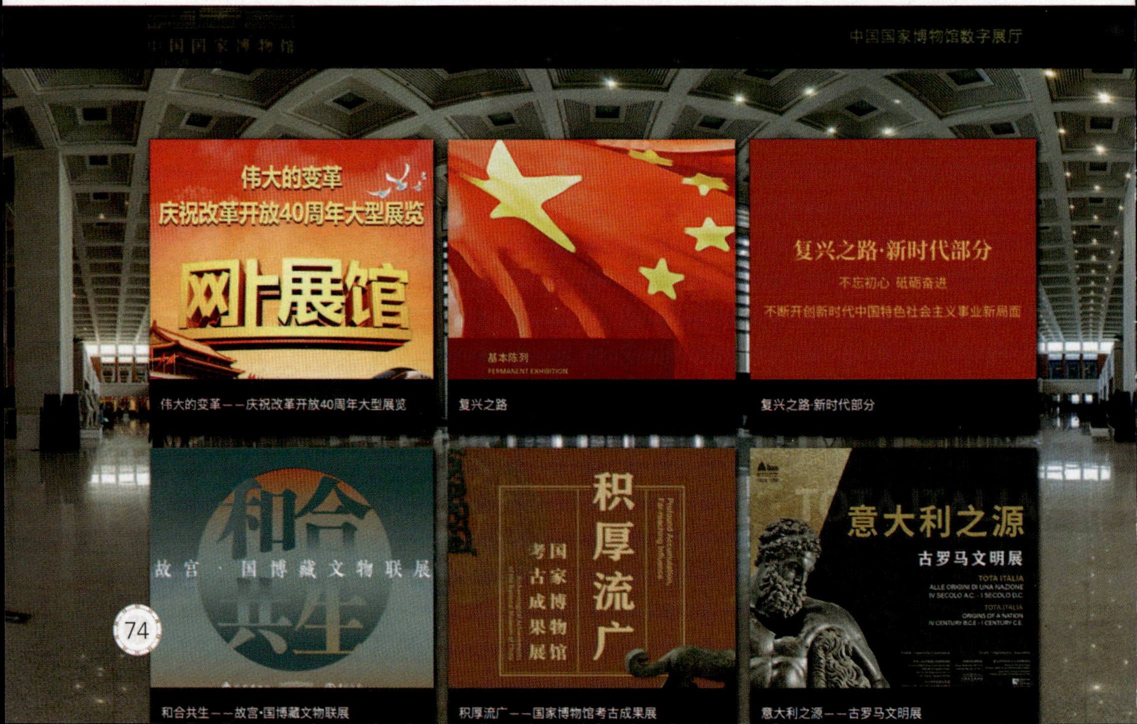

中国国家博物馆数字展厅
伟大的变革
庆祝改革开放40周年大型展览
网上展馆
伟大的变革——庆祝改革开放40周年大型展览
基本陈列
PERMANENT EXHIBITION
复兴之路
复兴之路·新时代部分
不忘初心 砥砺奋进
不断开创新时代中国特色社会主义事业新局面
复兴之路·新时代部分
和合共生
故宫·国博藏文物联展
和合共生——故宫·国博藏文物联展
积厚流广
国家博物馆考古成果展
积厚流广——国家博物馆考古成果展
意大利之源
古罗马文明展
意大利之源——古罗马文明展

1 | 2

1 中国国家博物馆数字展厅（部分）

2 “和合共生——故宫・国博藏文物联展”网上展厅

一视角实现在线观展，感受博物馆丰富的优秀展览资源。

不同于博物馆网上展厅或数字展厅，展览图录则是博物馆展览忠诚的纸质记录者。通常，博物馆会为其举办过的每一个展览印制专属的图录。这些图录不仅包装设计考究、印刷精美，往往还包含诸多展览信息，如展览名称、展览致辞、配套学术研究成果、展品高清图片及简介等。因此，展览图录简直堪比一个被浓缩印刷在纸张上的迷你展览。

博物馆展览图录

记得 2015 年至 2016 年我在英国利兹大学读研时，开学不久，老师就着重向我们讲授了“visitor studies”（参观者研究）的研究方法。该研究方法旨在通过对参观者进行调研和询问及时获知参观者对于展览参观的真实感受，从而得以通过参观者的视角客观评判一个展览的成功与否。通过对该研究方法的学习与实践，我初次意识到原来展览并非一件件冰冷的作品，而是充满人文情怀，需要充分考虑不同参观者的文化需求、认知能力的，具有浓浓人情味的艺术品。

来博物馆工作后的经历与学习感悟也使我对博物馆展览有了进一步的了解与认识。2020 年，中国国家博物馆馆长王春法在《博物馆管理》发表的《什么样的展览是好展览——关于博物馆展览的几点思考》一文，系统阐释了评判当下展览优劣的十条标准，即一个好的展览应该具备十个“度”——“高度”“广度”“亮度”“力度”“深度”“厚度”“谐度”“弧度”“温度”“拓展度”。通过学习，我深刻感受到展览其实是一项专业性强、涉及面广的工作。展览在内容上好比一篇实体化的学术论文，对主题、结构、内容、逻辑有着近乎苛刻的要求。同时，展览在形式上又是简化版加通俗版的学术论文，要求用最少的文字说明展厅展品的使用，让每个进入展厅的人都能有所收获、有所感悟。

此外，展厅的设计也蕴含了太多的学问，其中很多往往很难被大家所察觉。

一方面，博物馆展览的效果呈现无不体现着博物馆的极致美学。不同于其他美学的高投入，博物馆展览往往需要利用最为简单的材料或装潢为观众最大限度地营造出高质量的视觉效果及视觉代入感。这也就意味着博物馆策展团队必须拥有足够的巧思，最大限度地利用身边常见的材料以营造最佳的展出效果。例如，中国国家博物馆在“平民情怀——平山郁夫藏丝路文物展”中使用的纱质装饰墙面，因其清透灵动而不失色彩本色的特性，在布展时便曾得到日方布展人员的赞赏与肯定。此外，中国国家博物馆积极尝试将投影技术融入展览展陈中。例如在 2023 年 5 月 30 日开展的“数说犀尊”展览中，在展厅入口处便大面积采用了投影的方式，生动呈现了有关犀牛的动态剪影影像。

平民情怀
平山郁夫藏丝路文物展
Collection

「伟大的海」
文明交汇的地中海
Mediterranean Sea
地中海（Mediterranean）在英语、日耳
曼语中是「陆地之间」的意思。早在古代
世界，地中海便以「我们的海」、「白
海」、「伟大的海」、「中部之海」以及
半封闭的海洋，孕育了三大洲中几个最早
的文明，并成为文明交汇的通道和舞台。
在地中海核心区域，希腊与罗马文明的遗
产中，我们可以看到来自西亚、北非文明
的影响。

1	2	4
	3	5

1 平民情怀——平山郁夫藏丝路文物展

2 “平民情怀——平山郁夫藏丝路文物展”中使用的纱质装饰墙面

3 “数说犀尊”展厅入口

4 “数说犀尊”展大面积采用投影展现犀牛动态剪影影像

5 中国国家博物馆藏错金银云纹青铜犀尊

另一方面，展览的策展人还应该是一名节奏大师，其作用如同一支交响乐队中的指挥。乐队指挥掌控的是乐曲演奏的节奏，其秘诀在于指挥的手或指挥棒；而策展人掌控的则是展览叙事语言推进的快慢，其秘诀在于展览各章节间的长短分配与各空间内展品数量的疏密排列。

同时，展厅的设计与陈列还格外讲究灯光的使用。展厅内灯光的使用不仅在于照明，更在于展厅氛围的营造。例如，展柜顶部的光源，其目的主要在于照明，从而凸显藏品信息，使光线可以更为均匀地照射在展品上；展厅顶部外侧安装的射灯则可通过将光线部分照射于展柜外沿和展柜前的部分空间，进而营造出一种光线由展柜向四周延伸的视觉感受；安装于展厅顶部灯柜的射灯除对展柜及展板进行辅助照明外，往往还有为展厅内观众提供空间内照明的作用，避免展厅内过黑过暗。

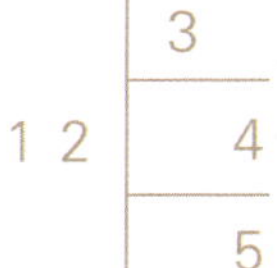

1 中国国家博物馆“凤鸣于溪——安溪历史文化展”灯光的使用

2 中国国家博物馆“中国白——德化白瓷展”灯光的使用

3 中国国家博物馆 “中国古代玉器展”灯光的使用

4 中国国家博物馆“鉴往知远——新时代考古成果展”灯光的使用

5 中国国家博物馆“盛世修典‘中国历代绘画大系’成果展”灯光的使用

另外，博物馆展厅还离不开对温度、湿度的精确测量与控制。当行走穿梭于博物馆内的不同展厅，你或许也曾感受到不同展厅间的冷暖或干湿变化。你可能会认为这是由博物馆的空调系统制冷或制暖能力有限或分布不均造成的，殊不知这却是博物馆有意为之。原来，不同类型的藏品有着不同的最佳保存温度和湿度，而不适宜的展厅温湿度则会加速展品的锈蚀、腐朽或开裂。例如，展出青铜类藏品的展厅湿度不宜过高，展出木器类藏品的展厅则湿度不宜过低等。所以在布展和展出阶段，博物馆馆长需定期检测展厅内的温湿度数值，确保展厅内展出的展品时刻处于较为理想的温湿度空间范围内。所以说，办一个展览真心不容易。

常来博物馆观展的你，是否已经感受到展览的不易和精彩了呢？如果以后再因过分关注展品本身而忽略了展览的其他精彩部分，是不是会有些可惜呢？

常见误区七

博物馆展览拥有充足的布展时间

小牛：为什么有时新开的展览里装修的气味会比较大？博物馆应该有充足的布展时间给展厅换气呀？

小荷：或许等你真正了解了布展的过程，你就知道原因了。

留学毕业后回国找工作期间，我曾多次利用找工作的间隙到国内多家博物馆实地参观学习。参观博物馆时，我开始不断尝试将自己的所学应用于对所参观博物馆展览的有效性评估上，如展览展线的设计、灯光的使用、展品的陈列、观众参观体验的营造，等等。同时，我在参观展览时也时常思考一个问题，即如果我是策展人，我会如何布展，让这个展览变得更好。

大家虽然未必都像我一样是博物馆学专业出身，对博物馆学也没有什么深入的了解或者研究，但想必你们在参观博物馆展览时也难免有过一些诸如对展厅设计不满意、展厅温度偏高或偏低的经历或体验吧。面对这种情形，你是否曾暗自心想或者感慨："这个展览要是能……就好了。"

反观上述情形，我们不难发现，它们都是我们凭借自身的主观感受对现有的博物馆展览进行的评判。而我们的思考或感受往往是建立在一个相似的前提或假设上的，即博物馆是有充分的时间来布展的，博物馆的展览是可以在较长时间的调整和优化中来不断精益求精的。基于这样的前提或假设，人们很容易产生这样的想法，即因为布展时间充足，博物馆所办的每个展览都应做到尽善尽美。

然而，我们错了。博物馆的工作经历和长期的耳濡目染让我逐步意识到，博物馆的展览布展其实是博物馆策展和陈列人员同时间的一场激烈赛跑。

1. 布展时间把控严格

与大家关于博物馆有充裕的时间可以有条不紊布展的想象不同，博物馆对展览布展的周期往往有着严格的把控。由于布展的展厅一般都位于博物馆的对外开放区域，每天都会有大量的观众途经需要布展的展厅，所以，为切实降低布展对公众正常参观的影响，让公众可以尽早参观到布展中的展览，博物馆人员往往都是加班加点，争取尽早尽快完成展览的布展工作。对布展人员来说，加班到凌晨一两点、双休日加班也都是常事哦。

此时，你会不会心生疑问，那一个展览的布展时间到底是多长呢？根据以往我参与展览布展的经验，一般而言，一个展览的布展时间会被控制在 5 天以内。当然，这个时间也并非绝对。如果该展览规模较大，涉及的布展工作量较大，布展时间也会相应延长。

2. 布展过程如同装修房屋

如果你对博物馆的布展工作一无所知，或因缺乏了解难以洞悉 5 天的布展时间在速度上是快还是慢，那你不妨把展厅的布展工作想象成你所熟知的一次装修，只不过这次装修的面积比你所住房屋的面积一般要大上很多。就如同我们为自己的爱家装修可能需要按照设计图纸合理拆建房屋墙体结构（非承重墙部分）一样，展厅的布展也需要根据前期完成的展厅设计布置搭建展墙、营造展线，合理布局，规划好大家在展厅内的参观路线。展厅的布展同家庭房屋的装修一样，对灯光有着相近的要求，不同的是博物馆的灯光会更加专业和昂贵。而且博物馆往往会根据不同场景灯光照明的需要，在展厅不同位置选用不同照明特性的灯泡。但为了提升展览灯光的安装效率，博物馆的灯光是随时可以直接安装在展厅顶部预先铺设好的导轨上的。家庭装修结束后，我们会搬入早已购置好的家具和各式生活小物件，而展厅布展中涉及的“家具”无疑就是展柜了，展柜中整齐码放的展品无疑就是我们放置好家具后采买或搬入的各式生活小物件。

家庭房屋装修，虽然面积小，但装修一般少则几个月，多则一年。博物馆的展厅面积虽然成倍增加，但布展时间一般只有 5 天不到。对博物馆布展有了初步了解的你，此时是否被展览布展的神速震惊到了呢?

为压缩布展时间，策展、布展人员不得不时刻努力提升布展效率，充分利用博物馆闭馆时间、下班时间以及双休日时间加快布展进度。例如，在我亲身参与的一次博物馆展览布展中，虽然时钟的指针已指向夜晚 12 点，但自己所在的展厅和对面的展厅内都依旧是灯火辉煌，两个不同展览的布展人员依然都在辛勤地忙碌着。当时，我无疑是深受震撼的，我深刻意识到原来布展人员未必有我们想象中的那么风光和惬意，相反，他们长期都承受着巨大的压力，日夜兼程地为展览如期开幕而默默地加紧忙碌着。

通过刚刚的讲述，想必大家已经知悉，博物馆布展工作不仅没有大家想象中那么时间富裕，可以精打细磨、十年磨一剑，反而还要求布展人员在规定时长内完成全部布展工

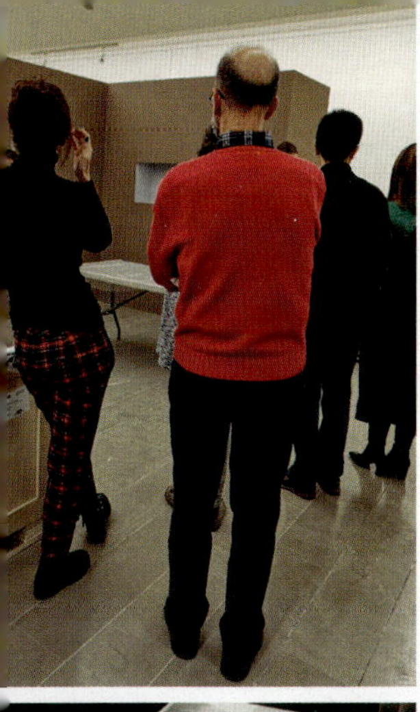

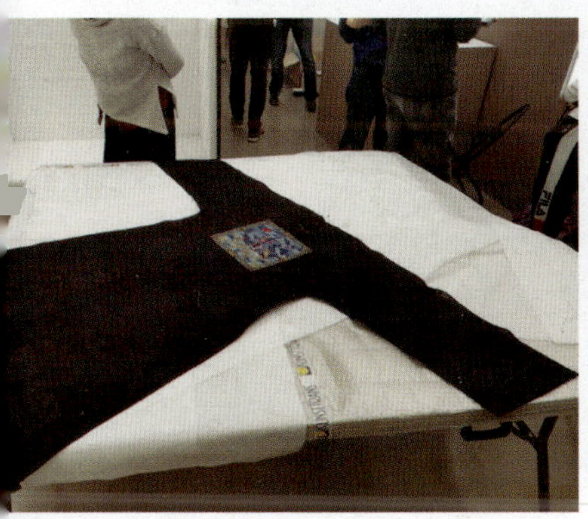

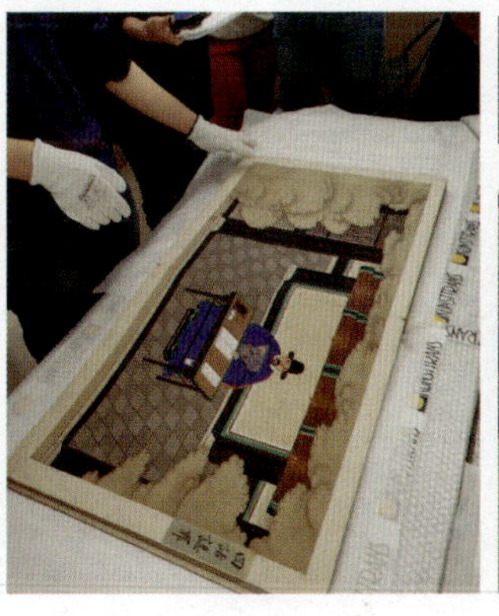

1 2	1 布展步骤一：文物囊匣运抵展厅，商讨确认布展方案
3 4	2 布展步骤二：缓慢开启文物囊匣并小心启出匣内文物
5 6 7	3—7 布展步骤三：双方人员现场开展文物点交

作，且要确保将展厅的展陈状态调整至最佳。因此，博物馆的布展和陈列人员真的很不容易。今后你在参观展览时若有什么不满意的地方，还请莫要生气，要多多体谅布展的不易。

当然，我们欢迎大家在博物馆的留言簿或各个相关移动平台提出宝贵意见和建议，因为这说明你是真的关心博物馆展览，希望它能变得越来越好。博物馆策展和布展人员也将不断听取大家的反馈意见，不断升级展览展陈，力争让越来越多的人爱上参观展览、享受博物馆展览所带来的神奇体验。

1	2
3	4

1 布展步骤四：文物于展厅内陈列悬挂

2 布展步骤四：文物于展厅内陈列摆放

3 布展步骤五：展墙粉刷修整并粘贴展览说明文字

4 布展步骤六：布展工作基本完成，巡视展厅并微调修改

常见误区八

博物馆重要馆藏不常对外展出是因为奇货可居

小荷：博物馆什么时候也开始变得这么傲娇了，好不容易来一次，连×××（重要馆藏）都没见到。

小牛：这你可真是误会博物馆了！

伴随现代科技的迅猛发展，信息传播速度的不断加快，人们获取信息的成本和难度正在快速降低，获取信息正变得愈发轻松便利。同样，技术的进步也在不断帮助人们更为方便快捷地去获取博物馆相关资讯。在为数众多的博物馆资讯中，最让人津津乐道的无疑要属各个博物馆所藏的明星器物了。身为资深的博物馆爱好者，参观一座未曾到访过的博物馆时，你是否也曾按捺不住自己内心的激动，不停地在馆内疾走，迫切地搜寻你期盼已久的博物馆明星馆藏呢?

然而，在一次次激动人心的博物馆明星馆藏的大搜寻中，你又是否曾不止一次因找不到明星藏品而黯然神伤?此时，你或许会情绪低落，在内心深处不止一次地责怪博物馆高冷；抑或是认为博物馆是偷学并照搬了商业中的营销技巧，在搞所谓的饥饿营销。那么真的是因为博物馆深知自己的明星藏品奇货可居，才特意将它们暂时藏匿起来，耍上一波高冷范儿吗?

如果你真是这样理解的，那你可真是太冤枉博物馆了。对博物馆来说，明星藏品不仅是吸引公众来该博物馆参观的一个重要法宝，而且在一定层面上构建了公众对于该博物馆的初步认知。几乎每座博物馆都渴望将尽可能多的重要馆藏陈列在自己的展线上，有时甚至希望将其他博物馆的重要藏品也暂时借过来一同展出。而大家时常遇到博物馆内找不到明星馆藏的情况往往是各种不同的原因所造成的。

1. 展期原因

博物馆中陈列的每件展品其实都是有展期限制的。即使是在博物馆的固定展览中，所陈列的博物馆藏品也绝非一成不变的。例如，在中国国家博物馆的“古代中国”基本陈列中，也时常会不定时地调换部分展览中的展品。不知道其中的变动你发现了没有呢？

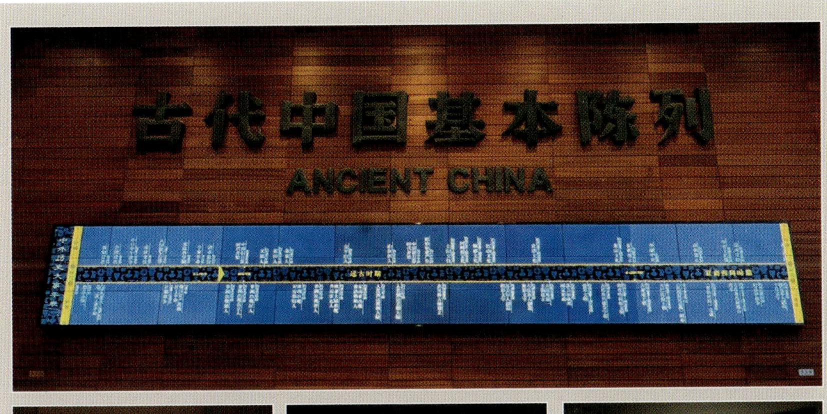

1 中国国家博物馆“古代中国”基本陈列

2 中国国家博物馆“古代中国”基本陈列展品——击鼓说唱陶俑

3 中国国家博物馆“古代中国”基本陈列展品——青铜面具

4 中国国家博物馆“古代中国”基本陈列展品——三彩釉陶骆驼载乐俑

博物馆展品之所以存在展期，其目的之一便是让展线流动起来，在有限空间内展出尽可能多的展品。因此，有些重要馆藏可能是由于展期的原因，才没被你一睹芳容。

2. 文物保护

如果说展期是影响你与部分博物馆明星藏品见面的一个因素，那么文物保护则是阻碍你与更多博物馆明星藏品见面的另一重要因素。

一方面，出于文物保护的原因，展览中的部分明星藏品仅会在某一时间段内于展厅内对外展出。而其他时间，展览常会采取展示复制品或轮换展品的方式进行展出。该现象在书画类文物的展出中尤为突出。书画类文物质地相较其他类别的文物更为脆弱，长期对外展出会对其造成不可逆的伤害，如长期灯光照射造成的书画褪色、长期悬挂造成的纸纤维拉伸断裂等。因此，书画类文物的展期通常不会超过 3 个月，到期后需对其进行撤换。这也就是为什么你在参观某些博物馆展览时，常会被告知展品原件将于展览期间的某某时间段进行展出，或展览将于某时对展品进行轮换。

另一方面，文物在长期展览的过程中难免会出现状态不佳、破损等亟待保养的情况，例如青铜器器身表面出现的有害锈，书画作品由于长期悬挂出现的变形、撕裂问题等。因此，参观展览时，如果你发现展柜中空空如也，但底部的展牌还在，那它很有可能是被送往文保部门进行保养去了，不久它就会重新容光焕发，以最好的状态返回我们的身边。

3. 借　展

有时展品状态虽然良好却没有出现在展厅，那是因为它起身前往其他地方“串门演出”去了。其实，这种藏品间的“串门演出”就是我们常说的借展。博物馆间往往合作密切，时常会在展览领域开展合作。而明星产品作为交换展览的亮点之一，往往会成为合作博物馆邀请来展的重点藏品之一。这也就解释了为何有时你在参观一家博物馆时会看到来自其他博物馆的知名藏品。

例如，自我到中国国家博物馆工作以来，仅在全国范围内，中国国家博物馆就曾展出过来自宝鸡青铜器博物院的何尊、来自河北博物院的长信宫灯等多件耳熟能详的其他博物馆知名馆藏。

1 2

1 2020 年中国国家博物馆“宅兹中国——宝鸡出土青铜器与金文精华”展览展出的何尊

2 2019 年中国国家博物馆“大美亚细亚——亚洲文明展”展出的长信宫灯

所以，当你走在博物馆的展厅内，找不到你朝思夜盼、慕名而来的所谓博物馆明星馆藏时，千万不要再暗自责怪博物馆高冷，在搞饥饿营销了。因为，这些馆藏不仅没有被博物馆封藏起来，反而是始终处于博物馆的精心维护或暂时用于博物馆其他用途。咱们大可放心，用不了多久，这些“消失”的明星器物就会重回展厅和我们再次相聚。

常见误区九

参观中所见藏品即为博物馆全部精品馆藏

小牛：快告诉我，你们馆都有哪些镇馆之宝？它们现在都位于博物馆什么位置？我已经等不及了。

小荷：很多，但很可惜有些宝贝你这次可能会见不到哦。

博物馆参观过程中，你是否也曾像我一样，认为博物馆正在展出的藏品虽说不是博物馆的全部家当，但也至少应涵盖博物馆的全部精品馆藏。这就好比一位好客的主人，当朋友或客人上门做客时，理应尽其所有将全部的美食拿出来款待远道而来的宾客。

每座博物馆确实都有着将自己的全部精品馆藏拿出来展示、与众人分享的美好愿景。然而，愿景终究只是愿景，现实却是残酷的，限制了博物馆对于精品馆藏的展示。所以，陈列在博物馆展厅中的展品数量其实往往只是博物馆精品馆藏的冰山一角，更多的博物馆馆藏则因不得已而长期沉睡于博物馆的库房当中。究其原因，主要有以下两个。

1. 保护馆藏文物

博物馆很多馆藏文物在经历了成百上千年的传承后，难免会有一定的残缺或破损情况。如果平时你在参观博物馆时足够用心，你一定会发现除少数特殊展览外，博物馆内对外展出的藏品一定都是完好或经过精心修复的。如果你在展厅中偶然遇到空空如也或展台正中摆放有“展品修复中”的解释说明牌的展柜，你一定要知道这可不是博物馆矫情。相反，这正是博物馆高度关注藏品安全的体现。例如，一件带有有害锈的青铜器藏品如果长期在展厅内展出，不仅会造成有害锈的进一步扩散，还会对器物本身造成极大和不可逆的损害。因此，很多明星馆藏未能与人们见面很可能就是因为它们正在修复或是等待被修复。

同时，参观过程中，面对博物馆内古代名家书画作品方面的展示和陈列，你是不是也曾存在类似的疑惑？为什么同一个展览在不同时间段内会对部分珍贵书画作品分批进行原件和复制品间的轮换呢？一直对外展出这些珍贵的书画真迹，让更多的人参观、了解难道不好吗？实际上，这是由书画作品脆弱易损坏的特点决定的。部分书画会因为灯光的长期照射而造成色彩的脱落或褪色。古代书画长时间悬挂可能还会造成书画的变形和开裂等现象。

当然，展厅内的明星藏品有时也难免会出现短暂“消失”的情况。这并不是因为博物馆急于让它们“下班”，回库休息，而是为了保障它们的健康，给它们做的一次例行体检和有针对性的诊治和保护。

2. 展陈空间有限

博物馆虽然拥有丰富的馆藏，但展陈空间的相对有限却极大地限制了精品馆藏的展出数量。展陈空间的不足迫使博物馆只能有选择地展出部分精品馆藏，其他精品馆藏只能静静地在库房内暂时等待。

2015 年 10 月 10 日，故宫博物院慈宁宫作为雕塑馆正式对观众开放

当然，各博物馆也正在积极改变这一现状。例如，故宫博物院不断增加公众开放区域的面积，中国国家博物馆大幅提升公共空间的艺术品摆放使用率等。除了高效、充分利用博物馆空间外，博物馆也在通过举办临时展览和巡展等方式，让长期存放于库房内的精品馆藏活起来、流动起来，这正成为博物馆活化馆藏资源，让尘封的文物活起来的重要举措。

1—3 2018 年 9 月 19 日，故宫博物院南大库作为家居馆正式对观众开放

4 中国国家博物馆利用西大厅空间举办“逐梦寰宇问苍穹——中国载人航天工程 30 年成就展”

5 中国国家博物馆利用三层平台公共空间东区举办“新中国首座大型低速回流风洞展”

6 中国国家博物馆延伸利用南三层平台及走廊公共区域举办“盛世修典——‘中国历代绘画大系’成果展”

7 中国国家博物馆于东门增设展品陈列

苏州博物馆临时展览："微笑千年——青州龙兴寺佛教造像展"

微笑千年
Smiling for a Thousand Years
青州龙兴寺佛教造像展
Exhibition of Buddhist Statues at Longxing Temple in Qingzhou
主办单位
苏州博物馆
SUZHOU MUSEUM
青州博物馆
QINGZHOU MUSEUM

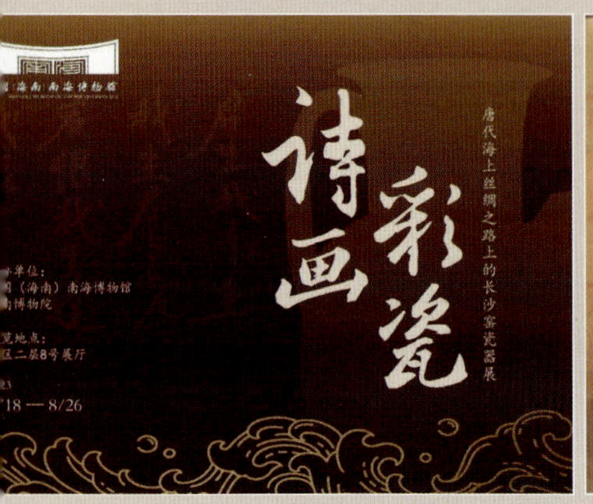

1 2
3

1 中国（海南）南海博物馆临时展览：“诗画彩瓷——唐代海上丝绸之路上的长沙窑瓷器展”

2 太原博物馆临时展览：“延寿长相思——安康博物馆秦汉瓦当展”

3 国博巡展

常见误区十

参观展览在于观看和拍摄博物馆知名馆藏

小牛：小荷，你新打卡一家博物馆时，有关注过展览的主题与内容吗？

小荷：基本没有。去看展不都是奔着知名馆藏去的吗？

平时，你是否经常收看《国家宝藏》之类的文博探索节目？抑或是《一槌定音》之类的艺术品投资节目？抑或是国内许多电视台都在不断推出的拍宝鉴宝节目？博物馆参观过程中，你是否会因受到以上电视节目的影响，对展品

本身的痴迷远超对展览的关注？你是否也曾兴致勃勃地赶往故宫博物院和为数众多的省级博物馆仅为一睹《国家宝藏》中亮相器物的真容？你是否在参观时但凡看到正在陈列中的知名馆藏，就难掩内心的兴奋，下意识地快速举起手中的手机或是相机一阵狂拍？抑或是每次当你新打卡一家博物馆时，都会直奔该馆正在展出的知名馆藏而去，而丝毫不在意展览的主题与内容？

1 《国家宝藏》

2 《一槌定音》鉴宝节目

3 《国家宝藏》皿方罍

4 中国国家博物馆藏青铜虎鎣

5 观众对展出中的虎鎣热情拍照

不可否认，上述电视节目在唤醒人们对中华优秀传统文化的关注与热爱、增强文化自信方面着实发挥了巨大的推动作用，并成功引发了一波包括来博物馆参观在内的规模浩大的文化热潮，为博物馆带来了充足的参观客流，但与此同时，其背后也暗藏有不少隐忧。例如，伴随参观人群对藏品关注度的急速上升，博物馆核心产品展览的受关注程度正在日益降低。

每天午休时间，我在博物馆展厅散步时，时常会听到参观者之间诸如此类的对话："这个展览怎么连件有名的（器物）都没有，真是没有什么可看的。""这个展览展出的藏品怎么连件重器都没有，上次我去 ×× 博物馆还看到了 ×××（知名馆藏）了呢。""没有重量级展品，我该如何发朋友圈呀？"

在很多参观者的心中，是否拥有几件重量级藏品已成为评判一个展览好坏的最主要依据，而包括展览主题、展陈方式在内的传统展览优劣评判依据的重要性却在快速崩塌。

然而，对博物馆来讲，展览的作用在于对外宣扬一种精神，凸显一种文化，讲述一个主题，展现一类手工技艺。展品的挑选工作也都是围绕展览主题的呈现需要来分别开展的。因此，纵然知名馆藏再吸睛，它也仅仅是串联起展览主题的璀璨项链中的一颗明珠。在策展过程中，策展人员有时也会因为整体展览主题的呈现，不得不舍弃一些常被大家所追捧的知名馆藏。

就如同 2020 年中国国家博物馆举办的"记住乡愁——山东民艺展"一样，该展览旨在通过 1500 余件（套）山东民艺藏品，打破工艺类别，系统反映山东地区传统乡村社会的生产生活面貌及蕴于其中的价值取向和审美情趣。如果参观过这个展览，你一定会发现，展览中几乎见不到任何所谓“有名气”的展品，就连有所谓较高市场价值的藏品也很是少见（虽然这么说显得很世俗）。每件藏品都是那么普通，但正是这些平淡无奇的藏品汇聚在一起，才共同绘就、呈现出山东民艺的精彩纷呈和山东人民伟大的生活智慧与极高的审美情趣，阐释了平凡铸就伟大的重要含义。

2020 年中国国家博物馆举办的“记住乡愁——山东民艺展”

因此，知名馆藏固然闪耀，但我们也不应被它耀眼的光环所影响而忽略了展览本身的价值。我们应该知道，展览本身也是一件优秀的艺术品，它同样值得我们细心去欣赏、去珍惜、去感受。

2020 年中国国家博物馆举办的“记住乡愁——山东民艺展”展品

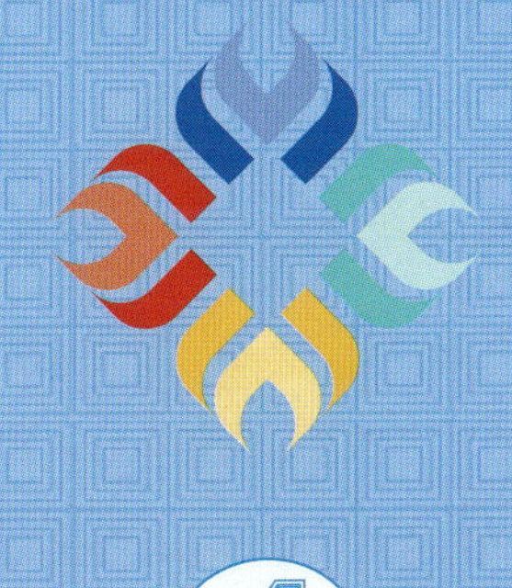

你理解的藏品捐赠与海外流失文物归还同现实中的博物馆藏品征集真的一样吗？

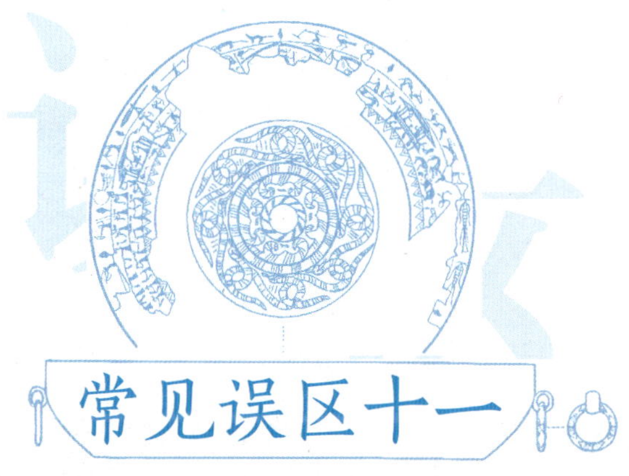

常见误区十一

只要捐赠的藏品为真，博物馆便会欣然接纳

进入博物馆工作以来，我身边便慢慢出现并凝聚起一批希望将手中或家中藏品捐赠给博物馆的朋友们。他们曾不止一次地联系我，希望能够通过我将手中藏品捐赠给博物馆。这些有捐赠意向的藏品无论从年代上还是品种上都可谓是五花八门，如从史前文明的陶器到春秋战国时期的青铜器，从西汉的画像石拓片到明清时期的古玉等。但无一例外，他们总会和我说上一句极为相似的话："你放心，我捐献的东西绝对是真的。"

这种经历一而再、再而三地在我身边上演，我开始逐步意识到，像我朋友这样的人，社会上一定还有不少。他们认为只要自己捐献的藏品是老物件或确是出自某位"大师"之手，便如同获得了博物馆准许入藏的通行证，可以轻松地过五关斩六将并最终被博物馆收藏。

然而，事实并非如此。还以刚刚谈及的我身边的那些朋友为例，虽然他们有意愿向博物馆捐献的藏品数量加起来少说也有五件，最终却均是铩羽而归，无一被博物馆收藏。听到这些，你的心情或许会有些沮丧，但我还是要感谢社会上诸如我身边朋友般成千上万的希望将自己的藏品捐献给博物馆的热心人。正是你们对博物馆事业的关心、对博物馆藏品征集工作的大力支持，博物馆才能够不断扩充自身的收藏，为公众呈现一个更为丰富、全面、客观的历史或艺术风貌。

那为什么我们想把手中的藏品捐赠给博物馆就这么"难"呢？

首先，博物馆作为权威的艺术品收藏机构，对所征集藏品的来源长期以来有着严格的把控。《博物馆条例》规定，"博物馆可以通过购买、接受捐赠、依法交换等法律、行政法规规定的方式取得藏品，不得取得来源不明或者来源不合法的藏品”。也就是说，博物馆入藏的藏品必须是传承有序的。因此，捐赠的藏品往往会被要求提供可证明其传承有序的相关依据或证明，如藏品过去的收藏流转记录，拍卖行的拍卖记录、收据或图册，文物商店购买发票等。

其次，面对大家捐赠的藏品，博物馆也都有自己一套颇为严格的筛选、鉴定和决策程序。当然，博物馆会尤为注重捐赠藏品的真伪问题，会对其真伪进行反复多次的鉴定。如果通过了鉴定环节却依然没能入选，那么你的藏品很可能是因为历史价值、艺术价值、科技价值、社会价值以及轻重缓急程度相对欠缺而在所有有意愿捐赠藏品中的排序较为靠后，或者是没能通过最终的决策环节而最终落选。此时，你是不是也开始为自己的捐赠藏品捏了把汗呢？原来捐赠藏品间的竞争一点儿也不逊于我们人类间的竞争，还真有一种参加海选，一路冲破重围，直取前几名的感觉呀。

同时，不同博物馆对藏品征集的质量要求和藏品门类方面的要求也存在不同和侧重。例如，中国国家博物馆作为我国的国家博物馆，长期以来对入藏藏品的质量及文化研究价值都有着较高要求。此外，由于中国国家博物馆收藏的青铜器多且精，所以面对社会有捐赠意愿的青铜器类藏品时只会更加严格和挑剔。而中国（海南）南海博物馆作为一家旨在展示南海人文历史和自然生态，保护南海文化遗产，促进海上丝绸之路沿线国家和地区文化交流的综合性博物馆，其征集文物则多以反映南海文化、外销文化、海上丝绸之路、中西文化交流为主。

中国国家博物馆肩负着延续和发扬中华优秀传统文化、革命文化和社会主义先进文化的使命。现我馆特设立"国史文物抢救工程"和"藏品征集项目"，面向社会长期开展征集活动，诚挚欢迎各位观众踊跃参与，我们将严格按照中国国家博物馆征集管理办法进行遴选（具体报名方式及征集详情参见相关公告），并尽快给您回复。如有藏品入选，我们将针对具体情况，对捐赠者予以多种形式的奖励。中国国家博物馆对您的支持和参与表示诚挚的感谢与敬意！

中国国家博物馆收藏 / 捐赠证书查询系统 点击查询

1
2 3 | 4 5

1 中国国家博物馆征集文物藏品的公告

2 中国国家博物馆藏“后母戊”青铜方鼎

3 中国国家博物馆藏“利”青铜簋

4 中国国家博物馆藏“中国大宁”瑞兽博局纹鎏金铜镜

5 中国（海南）南海博物馆藏《驶船更流簿》

另外，即使是同一家博物馆，征集藏品的品种和要求也常会随着博物馆自身的发展情况或时代背景的变化而不断调整。例如，近年来中国国家博物馆高度重视用文化阐述技术，用技术服务文化。文化与技术的结合逐步成为当下中国国家博物馆的关注重心，科技类藏品成为中国国家博物馆藏品征集的又一增长点和亮点。

	2 3
1	4 5

1 中国国家博物馆展览——“科技的力量”入口

2—5 中国国家博物馆展览——“科技的力量”部分展区

因此，面对自己心爱的藏品被博物馆拒之门外的你，一定不要灰心，更不要沮丧。并不是你的藏品不够优秀，或是没有入藏价值，而是你未能寻找到真正适合它、能够读懂它、爱护它、希望收藏它的博物馆而已。

常见误区十二

捐赠给博物馆的藏品得是“老物件”

小牛

为什么谈到藏品捐赠，我脑海中全是那些所谓的“老物件”呢？

小荷

其实，社会上还有很多人也和你有一样的想法呢。

想必大家已参观过无数博物馆，闲暇时间逛逛博物馆也早已成为了我们的一种生活方式。如若问及你对博物馆内藏品的整体印象或感受，我想首先呈现于你脑海中的画面或许是承载着浓厚历史及文化气息的青铜器，或许是展现

1 湖北省博物馆藏曾侯乙编钟

2 湖南博物院藏大禾人面纹方鼎

3 上海博物馆藏商鞅方升

古人高超智慧和精湛手工技艺的陶瓷器，或许是体现先人能工巧思和高超雕琢技艺的玉器，或许是蕴含神秘宗教色彩的古代佛造像……虽然呈现于大家脑海中的画面可能会不尽相同，但其往往是那些饱经岁月洗礼、名副其实的“老物件”。

1 2 3 | 6 7
4 5

1 扬州博物馆藏元霁蓝釉白龙纹梅瓶

2 故宫博物院藏各种釉彩大瓶

3 河南博物院藏汝窑天蓝釉刻花鹅颈瓶

4 浙江省博物馆藏新石器时代良渚文化玉琮

5 故宫博物院藏青玉大禹治水图山子

6 中国国家博物馆“中国古代佛造像展”中展出的佛造像

7 中国国家博物馆“殊胜大足——大足石刻特展”中展出的佛造像

当然，我们对于博物馆内“老物件”的热衷，并不能表明我们完全不知博物馆内还有大量现当代馆藏和见证、反映当下时代特点风貌的重要历史物证的存在。但在谈及对博物馆藏品的第一印象或感受时，大多数人还是不自觉地偏向于将其与“老物件”紧密联系起来。甚至可以说，历史感、沧桑感、厚重感构成了多数人对博物馆的一种基本认知。

另外，在有意愿向博物馆捐赠藏品的人群中，也难免会有人受到此种认知的影响，坚定地认为博物馆只乐意去接收那些具有一定年代感或时代感的“老物件”。然而，事实真的如此吗?

答案当然是否定的。如果你足够细心，你一定会意识到，我刚刚特意提及博物馆内有着大量近现当代馆藏和见证、反映当下时代特点风貌的重要历史物证。那么我们不妨这样思考，既然博物馆里有这么多现当代和反映当下时代特点风貌的藏品，那么在藏品的征集上是不是也会在这方面有所侧重？博物馆会不会同我们一样有“恋旧”情结，沉迷于历史和“老物件”，因而对“新物件”相对有所怠慢呢?

不可否认的是，在过去相当长的一段时间内，“老物件”一直占据着我国博物馆藏品的大部分江山，这也让很多人留下了“博物馆藏品是富含历史厚重感的”这一深刻印象。然而，伴随时代的发展，越来越多的“新物件”开始通过捐赠或博物馆征集的方式走进博物馆并与公众见面。而造成这种变化的关键原因则在于现在的博物馆相较过去被赋予了更多的责任与使命。广泛、系统地征集、收藏具有重要历史价值、科技价值、审美价值和社会价值，可有效反映不同时代风貌的相关代表性物证正成为众多博物馆藏品征集的重要方向。

“新物件”作为当下时代的见证者自然也被囊括其中。博物馆入藏的近现当代藏品也正时刻发挥着见证时代发展、书写记录历史、增强文化自信、弘扬社会主义核心价值观等重要职责与使命。

现如今，博物馆面向社会征集近现当代藏品早已不再是什么秘密。例如，2020 年，我在浙江省龙泉市与一名龙泉青瓷匠人交谈时，他就坦言，曾有多家博物馆的工作人员上门拜访与他洽谈作品入藏事宜，且有多件龙泉青瓷作品被国内多家省级博物馆收藏。

龙泉青瓷博物馆

同款龙泉青瓷作品“清泉”已入藏首都博物馆

当然，较国内大多数博物馆而言，我国的许多国家一级博物馆在对“新物件”的征集道路上会走得相对更远一些，在征集此类藏品的包容性和开放程度上也会相对更高一些。“既不厚古薄今，也不厚今薄古”正逐步发展成为博物馆藏品征集的一个新趋势。年份不再被作为衡量某种藏品能否被博物馆接纳的唯一指标，相反，捐赠藏品的历史价值、科技价值和审美价值正在不断被博物馆所重视。这也就意味着，在博物馆看来，“新物件”和“老物件”又重返同一条起跑线，而最终谁能拔得头筹、成功率先冲线、赢得博物馆的青睐就要看它们自己的本事了。

此时，你是不是也意识到“新物件”的价值与珍贵了呢?如果现在或未来的你依旧希望将自己的宝贝捐赠给博物馆，那一定记得在搜寻自家“老物件”的同时，也不妨试着找找看你是否也存有一些可以记录、见证时代发展或重要事件的物品，反映我国科技发展与进步的相关物件，或者具有较高工艺美术欣赏价值的艺术品吧。或许这些在生活中被你认为是稀松平常的“新物件”才是博物馆所真正需要和盼望征集的呢。

常见误区十三

博物馆内展出的海外流失归国文物是由博物馆追索回来的

小荷：这件藏品的说明牌上说它是件归国文物，那它一定就是这家博物馆追索回来的吧。

小牛：那可不一定哦。

热爱参观博物馆的你，是否也有过利用留学、出差、旅游或其他各种出国机会，深入国外集市、古玩或艺术品市场，挑选并购买几件心仪的海外中国文物并将之带回国内的经历呢？近年来，伴随中国经济的飞速发展和每位国人文物保护意识的不断增强，越来越多流失海外的文物踏上了回国之旅。文物回流正逐步发展成为一种趋势。

当然，单纯依靠个人或企业的力量来推动文物回流显然是单薄且不可持续的。唯有依托国家意志、国家力量开展的官方文物追索活动才会是稳定且可持续的。此时，你或许会联想起平时通过各大新闻媒体或社交平台获取到的各式关于海外流失文物顺利归国并入藏某某博物馆的新闻或短讯，也或许会回想起自己在参观博物馆时与一件件陈列中的海外流失归国文物相遇的情景。面对相关的新闻资讯和博物馆内陈列的海外流失归国文物，你是否会不由自主地认为，它们就是由所在的博物馆负责从海外追索回来的？

的确，博物馆海外流失归国文物的实物展出真的很容易让人浮想联翩，产生一种想要将这些海外流失归国文物所涉及的文物追索问题统统与其所藏博物馆间画起等号的冲动。不可否认，我也曾一度坚信，虽不敢说所有海外流失文物的追索工作都是由博物馆来承担和实施的，但至少其中有相当部分是由博物馆完成的吧。

然而，多年后我与博物馆内具体承担外国文物征集工作的同事的一次闲谈，才让我首次意识到了我的错误认知。原来，博物馆虽然陈列展出有大量的海外归国流失文物，但却鲜能直接参与海外流失文物的追索工作。在我国，文物追索工作一般都是由国家文物局来牵头实施的。当然，如果海外流失文物涉及走私犯罪行为，公安机关也会参与到追索工作中来。

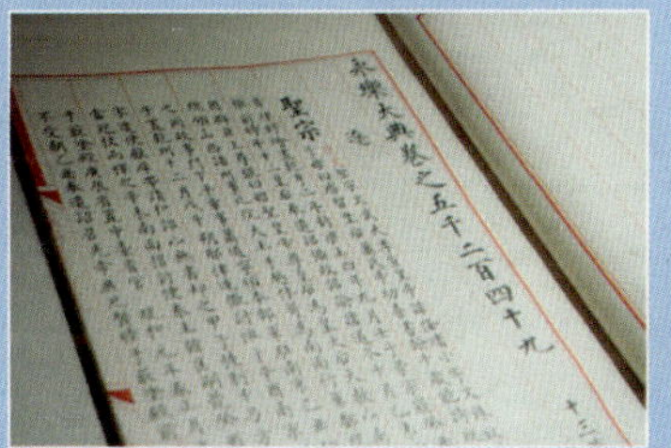

1 2
3 4 5

1 从海外抢救购回的商代青铜重器子龙鼎，中国国家博物馆藏

2 清代圆明园猪首铜像，何鸿燊先生捐赠，保利艺术博物馆藏

3 从日本成功追索回国的春秋时期曾伯克父青铜组器，湖北省博物馆藏

4 明代《永乐大典》卷5248、5249“辽”字，1955年向陈澄中征集，中国国家图书馆藏

5 五代十国彩绘浮雕武士石刻，美国政府返还，中国国家博物馆藏

目前，我国海外流失文物追索工作促成流失海外的中国文物回归的方式可谓多种多样，如执法合作、司法诉讼、协商捐赠、抢救征集等。1951 年 11 月，周恩来总理指示将抵押在香港汇丰银行的王献之草书《中秋帖》与王珣行书《伯远帖》重金购回，并且对鉴定、付款的程序作了详密部署。《中秋帖》和《伯远帖》历经战火烽烟，辗转市井闾阎，几易其主，最终回归故土，现由故宫博物院永久收藏。

实际上，文物追索是一项相当复杂且漫长的工作，不仅涉及国家与国家层面的相关问题，而且经常受到诸如政治、文化、两国国内环境等多方面因素的影响。同时，追索海外流失文物需要耗费巨大精力和漫长的时间成本。博物馆作为历史文化物证的收藏机构和对外展示机构，一般是不允许、也难以独自承担起追索海外流失文物的重任的。

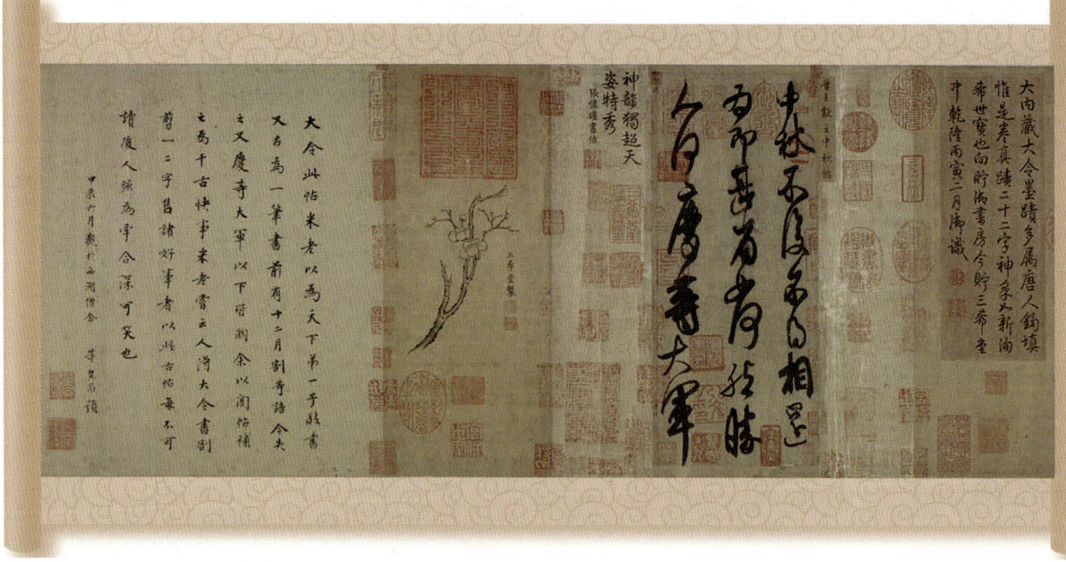

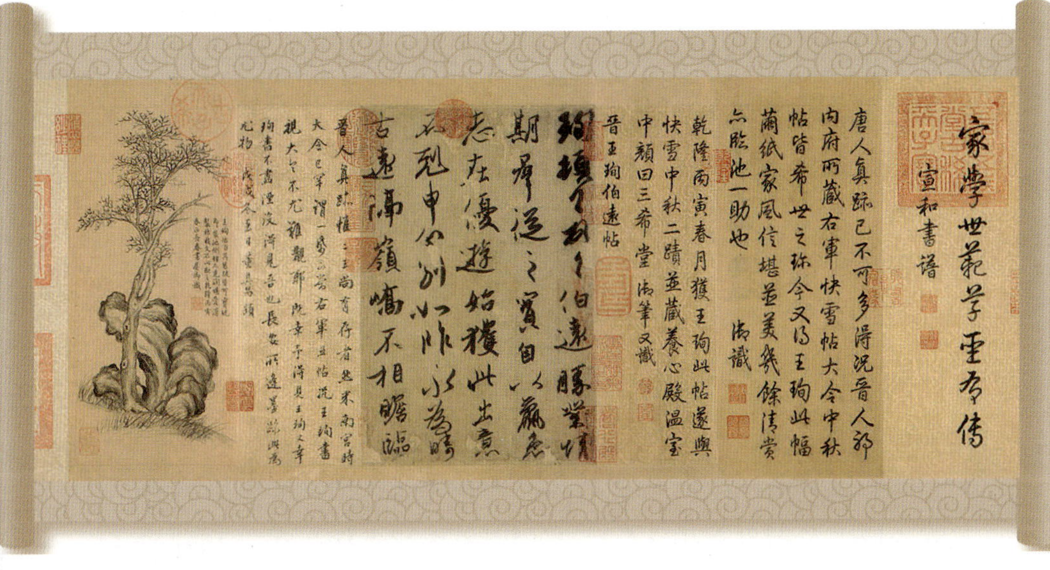

1 王献之草书《中秋帖》（局部），故宫博物院藏

2 王珣行书《伯远帖》（局部），故宫博物院藏

当然，博物馆也会偶尔参与到文物追索的相关工作中来，但参与内容往往相对有限。一般而言，博物馆会依照海外流失文物的追索工作中产生的实际需要被邀请参与诸如海外文物的鉴定、修复，博物馆入藏、对外展出等相关事宜。

此时，你或许会惊叹博物馆实际参与的工作远不及你想象中的那般高大上。其间存在的巨大反差或许正在促使你坚定地认为，博物馆在整个追索工作中所扮演的角色一定是微乎其微的。然而，你再一次误解了博物馆。博物馆参与的事项虽少，但其扮演的重要角色依旧不容忽视。

以海外鉴定工作为例，援引李征的论述：“文物作为一个民族文化的物质载体，具有鲜明的独特性，较一般物品更具有易识别性。通过对文物独特性进行主观判断，文物专家鉴定意见能够证明文物的名称类别、产生年代、制作方法、来源地点等情况，是美国相关判例中经常援引的证据种类。”[5]

事实上，博物馆在我国对海外流失文物的追索工作中发挥着重要作用。其作用不仅在于通过文物鉴定为追索工作提供证据支撑，也在于通过修复来改善相关流失文物的保存现状及回国运输期间的文物状态，更在于文物回国后的妥善保管、研究及对外展出工作。博物馆虽然较少能直接参与到我国海外流失文物的追索工作中，但也无时无刻不在尽自己最大的努力，始终在为我国流失海外的文物能够顺利回国与国人团聚默默地努力着。

[5] 李征．试论国际执法合作中的差异取证——以中美两国追索与返还被盗文物为例 [J]．中国人民公安大学学报（社会科学版），2020，36(03):47-53.

你对博物馆藏品保管的理解是否更多的是猜测？

常见误区十四

文物及艺术品收藏或存放在博物馆一定是安全的

小牛：小荷，你觉得文物和艺术品存放在博物馆就会万无一失了吗？

小荷：应该是吧，博物馆的安保措施可是不一般啊。

近年来，伴随着国人文物保护意识的不断增强，以及参观博物馆热情的不断高涨，越来越多的收藏家，甚至是普通观众开始希望将自己手中的藏品捐赠给博物馆，为自己心爱的藏品寻找一个最好的归宿。人们倾向于将手中藏品捐赠给博物馆更多的是看中了博物馆的权威性。但也一定是基于对博物馆的一个基本认知，即文物或艺术品放在博物馆一定是最为稳妥、最为安全的。

如果你仅仅是名普通的博物馆爱好者或参观者，并没有什么宝物或藏品，更不会涉及所谓的藏品捐赠问题，每当你面对博物馆内琳琅满目的展品时，你是否也会不由自主地认为，收藏在博物馆内的藏品就一定是安全的呢？那么，博物馆是否真如大家想象的那样，能够在藏品的安全和保管方面确保万无一失呢？

不可否认，收藏在博物馆内的藏品确实可以得到更为妥善、系统、科学的保护，从而更加有利于藏品的长期保护。但与此同时，藏品安全和消防安全却犹如两大幽灵始终威胁着博物馆。

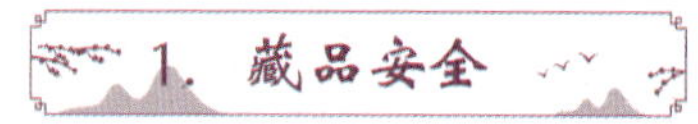

1. 藏品安全

你是否曾有过在博物馆参观时，因距离展品过近而被工作人员或电子报警设备提醒要保持适当距离的经历呢？这其实就是博物馆为保障展品安全所做出的众多努力之一。

博物馆展品、藏品的安保措施的发展，与博物馆藏品一次次被盗的惨痛经历以及技术的不断发展应用是紧密相连的。如何避免博物馆藏品被盗或惨遭损毁、保障博物馆藏品

的安全，长期以来都是博物馆工作的重中之重和基本前提。藏品的被盗或损毁会给博物馆自身带来极大的负面影响和社会舆论压力，而被盗的博物馆藏品所遭受的不可逆损伤更将是对人类文化遗产及重要历史物证造成的不可估量的伤害和破坏。因此，博物馆长期以来承受着来自博物馆藏品或借展藏品被盗和损坏的双重压力。

1 2 3
4 5

1—2 中国共产党历史展览馆加装于展品前的安全护栏

3 中国国家博物馆加装于展品四周的安全护栏

4—5 2017 年 12 月，美国费城富兰克林科学博物馆借展展出的一尊兵马俑左大拇指被掰断并盗走

2. 消防安全

如果你经常关注新闻，那近年来关于国外博物馆或文化遗产遭遇大火，馆藏文物遭受重大损毁的新闻你一定不陌生。2016 年 4 月 26 日，印度国家自然历史博物馆发生火灾，造成馆内部分展品及珍贵动植物标本遭到损毁；2018 年 9 月 2 日，拥有 2000 万件藏品的巴西国家博物馆发生大火，馆藏展品绝大部分被烧毁；2019 年 3 月 26 日，美国密苏里州，世界上最大的原创手稿收藏地卡佩尔斯手稿图书馆发生火灾；2019 年 4 月 15 日，法国巴黎圣母院发生火灾，造成建筑尖顶坍塌，建筑内的雕塑及各式藏品不同程度受损；2019 年 10 月 21 日，位于意大利都灵、被列为联合国世界文化遗产的皇家马厩与马术学院发生火灾，造成建筑物部分屋顶塌陷，恐很难再复原；2023 年 9 月 16 日晚，印度尼西亚国家博物馆发生火灾，众多藏品被烧毁……

1 印度国家自然历史博物馆火灾现场

2 印度国家自然历史博物馆火灾后

3 巴西国家博物馆火灾现场

4 巴西国家博物馆火灾后

KARPELES MANUSCRIPT LIBRARY MUSEUM

KARPELES MANUSCRIPT LIBRARY MUSEUM

5 6	9 10
7 8	11 12

5 法国巴黎圣母院火灾现场

6 法国巴黎圣母院火灾后

7 卡佩尔斯手稿图书馆火灾现场

8 卡佩尔斯手稿图书馆火灾后

9 皇家马厩与马术学院火灾前

10 皇家马厩与马术学院火灾后

11 印度尼西亚国家博物馆火灾前

12 印度尼西亚国家博物馆火灾后

长期以来，火灾都是威胁博物馆藏品安全的重要潜在隐患。博物馆多由独栋建筑或多栋建筑组成，建筑内空间普遍相对有限，多具有藏品数量多、密度大的特点。而且博物馆藏品往往具有可燃、易燃的特性，如书画类、丝织类藏品等。一旦起火，火势极易在博物馆内快速蔓延，造成严重的后果。诸如石质、金属质等部分博物馆藏品虽并非易燃可燃材质，但过火后也极易产生诸如材料强度降低、材质破碎或融化等现象。

说了这么多，你是不是已经开始在为博物馆的馆舍安全和藏品安全揪心了呢？是不是担心存放于博物馆的大量藏品和人类智慧珍宝会惨遭盗窃或付之一炬？

其实你也不必过于担心，我国的博物馆长期以来都始终将安全问题放在首位，不断加强馆内人员培训，持续做好人防、技防工作，全方位保障馆舍和藏品安全。以消防为例，我国许多博物馆不仅长期配备有专门的消防队伍及专业消防设备，还在馆内安装有大量的温度及视频监控，文物库房重地更是安装了自动喷淋系统，安排专人 24 小时馆内值班，定期检查馆内线路，排查火灾或线路老化风险，全面保障馆内消防安全。

所以，在如此严密的预防、监控和自查措施的保障下，博物馆内的藏品还是非常安全的。正是所有博物馆人、安保人员、消防人员的长期努力以及先进技术的引入，才共同撑起了博物馆内藏品的安全之伞。

常见误区十五

文物库房保管人员可以在文物库房内随意走动并触摸馆藏文物

小牛：我要是一名文物库房保管员就好了。这样我就可以在文物库房内四处走动，想看哪件馆藏文物就看哪件。

小荷：等等，你要是这样想就大错特错了。你可能不知道，博物馆对文物库房的管理其实是十分严格的。

在大家的脑海中，文物库房永远都是博物馆中最为神秘的所在。其神秘之处不仅在于一般游客很难有机会一窥其真容，更在于大家对文物库房内丰富藏品的遐想。

例如，过去我曾认为，博物馆所有的藏品都会共同存放于某个超大的密闭库房内统一保管；我还曾认为，博物馆文物库房的库管人员是幸福的，因为他们可以在看管文物库房的同时，随意走动并上手观摩库中藏品。

然而，事实真的如此吗？

进入博物馆工作以来，我曾有幸几次进入库房，我逐渐意识到，自己此前关于文物库房和在文物库房内工作的想象与理解到底是有多么不正确。当然，这里我也并不是想说库管人员是不幸福的，千万别误会哦。

首先，我认为还是很有必要更正一下大家关于文物库房概念的理解和认识。在你看来，博物馆内专门用于长期存放博物馆藏品的成片空间或许就是文物库房。然而，这样的理解并不准确。在博物馆，它有一个更为恰当和准确的名称——文物库区。

从名称中我们便很容易了解到，文物库区指的是一块区域，而且其空间面积通常不会太小。其实，文物库区往往由多个且相互临近的文物库房组成。这些库房多会根据藏品类别的不同来进行专项划分和管理。所以说，文物库房其实也都是术业有专攻的，都有着自己专属的藏品门类。

然而，这些文物库房虽然彼此相邻，实际上却又是相互独立的。为什么这么说呢？原来，文物库房的独立不仅体现在空间意义的独立上，更体现在它们相互间独立的管理上。空间上的独立，是指每座文物库房都是独立存在的一个个密闭空间，有着自己的大门和围墙。管理上的独立，是指每座文物库房都有自己专属的文物库房保管人员，只有他们才拥有打开自己负责的文物库房的钥匙。因此，每座文物库房的进出实际也是独立管理的。

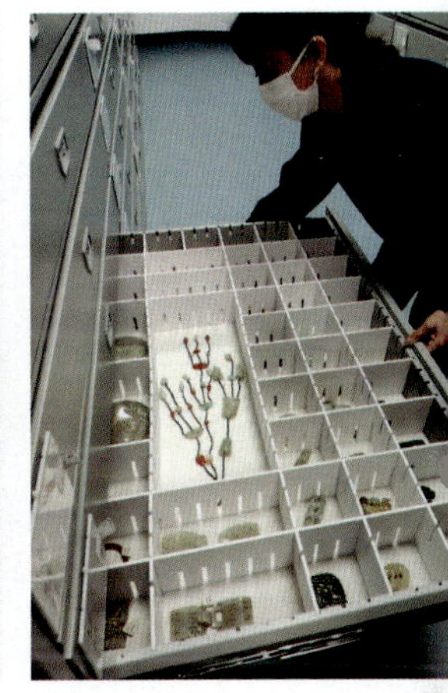

1 2
3

1 2022 年 5 月 17 日，长沙博物馆举办库房开放活动（玉石器库房）

2 长沙博物馆典藏部研究馆员展示如何推拉“抽屉”

3 长沙博物馆

此时，你或许认为博物馆对于文物库房的出入管理仅限于各座库房的专属钥匙和专人管理上，那你就大错特错了。为保障馆藏藏品在保管状态中的绝对安全，博物馆都有极为严苛的规定与管理。可能超乎你想象的是，博物馆对出入文物库房的管理其实从文物库区的门口就已经开始了。

即使是文物库房保管人员入库，他们在文物库区门口也必须接受严格的查验、登记和监督管理，比如进入文物库区不得携带火种，需主动出示证件并实名登记等。即使进入了文物库区，文物库房保管人员也被严格规定只能进入自己所负责的文物库房。

现在你或许已经明白，文物库房保管人员即使出于工作需要可以出入文物库区，但其进入文物库房的权限却是被严格限制的。出于对文物库房单独管理和文物保护的原因，他也只能进出自己负责看管的特定文物库房而已。即使隔壁库房的保管人员同时在库，如无特殊情况，串库等现象也是明确被禁止的。

另外，即使在文物库房保管人员自己负责的文物库房内，随意翻动、触摸库内物品也是被严格禁止的。

你是否被博物馆严格的文物库区和文物库房管理措施惊到了呢？其实，这只是诸多相关规定的冰山一角而已。文物库区内还采取了诸如人防、技防等监控和管理手段，全面保障文物库区重地内的绝对安全。博物馆不断强化文物库房出入及日常管理，不仅是对所藏文物安全的高度负责，更是为妥善保存、维护人类文化遗产所肩负的重要责任与担当。

1 青海省博物馆

2 2023 年 6 月 16 日，青海省博物馆开展“安全生产月”文物库房安全巡查工作

文物安全大于天，一切可能危及或损坏博物馆藏品的潜在风险都应被充分考虑到并最大程度地予以杜绝或避免。文物库房作为博物馆藏品的集聚之地更是如此。所以，即使是博物馆文物库房库管人员也不可以在不同库房间自由走动，随意触摸馆藏文物哦！

常见误区十六

文物库房保管是一份普通且安逸至极的工作

小荷：你说博物馆文物库房保管人员的工作是不是特别安逸呀？

小牛：看来你对他们的误解很深呀！

在初步了解了博物馆文物库房几近严苛的规定后，你的好奇心是否又爆棚，渴望了解更多关于文物库房的事情呢？比如在文物库房工作，到底是怎样的一种体验或者感受呢?

每当提及博物馆文物库房保管工作，首先映入你脑海的是不是一位身穿白色大褂或蓝色车间工作服的工作人员形象? 紧接着，你一定会认为，他们的日常工作场所既然是在文物库房，成天过着与馆藏藏品为伴的生活，那日常的工作强度也一定不会很高。因此，他们的工作简直不要太安逸。

其实，得出这样的结论往往来自于同一个假设，即文物库房保管工作无疑就是我们生活中常见的各类库房库管工作的翻版。简单地说，博物馆文物库房的保管人员就是个看仓库的，怎么可能不安逸?

然而，博物馆文物库房的保管工作断不可用我们在众多其他普通库房中的库管人员形象来简单套比。他们的工作不仅意义重大，而且时刻面临着各式各样的风险与挑战。

首先，正如前文所讲，文物安全大于天，文物库房的保管人员因而每天都承受着极大的心理压力，随时需要确保文物的安全。

其次，出于文物安全和其他诸多因素的考虑，文物库房往往很少设置窗户。长时间待在密闭的空间内，难免会给库房保管人员带来一定的心理负担。同时，由于文物库房严格限制库内人员数量，因此在库期间，他们也较难拥有正常的与他人进行沟通的机会，这也将在一定程度上加剧文物库房保管人员的心理负担与内在压力。

同时，除日常保管博物馆藏品外，他们还需要承担包括藏品研究在内的其他工作。因此，在工作强度方面也并没有如你们料想中的那般轻松哦。

最后，为满足不同藏品的长期存放条件，文物库房中常需使用各类试剂及相关设备以调节库房内的温湿度、酸碱度及防蛀、防虫、防火等。虽然文物库房在试剂选取之初就尽最大可能选择使用对人体趋近于无害或伤害较小的试剂，但各类试剂的长期使用加之库房内的特定环境特点，仍然使库房保管人员的身体健康时时遭受威胁或侵害。例如，我曾了解到，不少在文物库房内长期工作的保管人员患有湿疹、风湿性关节炎甚至是癌症等各类相关疾病。因此，可以说，博物馆的文物库房保管人员真的是在用自己的身体健康和生命来守护着我们共同的珍宝、文化以及我们最为珍视的精神家园。

所以，千万不要再认为博物馆文物库房保管人员的工作是多么普通或安逸啦，要不然他们真的是要伤心了。当然，大家能够更多地走进博物馆，和丰富的博物馆馆藏交流对话，通过参观展览有所学习或感悟，或许才是最能够令他们感到欣慰和满足的。

6

购买博物馆文创产品的你，真的了解博物馆经营吗？

常见误区十七

文化和艺术是纯粹的，应尽量与商业活动相剥离

小牛

怎么连博物馆也开始不专心做文化了，想尽各种办法挣钱，这也太商业化了吧。

其实不只你这样想……

小荷

作为博物馆的忠实爱好者，想必你一定也是十分热爱甚至是沉醉于文化和艺术的吧。然而，当一个人对某件事或某个事物的关注和喜爱程度达到了一种极致，其思想甚至是行为都会在不自主的情况下朝着极端化或者理想化的方向转变。或许外人会对此难以理解，但你自己却往往是乐在其中。长期沉浸在文化和艺术中的你，是否也曾一度产生过文化和艺术应是纯粹、自由的想法，认为它们应该摆脱商业活动的开发与影响呢?

认为文化和艺术是纯粹的你，在与他人交流时，是否也曾饱受身边同事、朋友的不解和嘲笑？他们或许说你是尚未开化的老古董；是饱汉不知饿汉饥，不了解博物馆开展商业活动对于筹措经费的重要性；是不了解市场，不清楚公众对文创产品的呼声有多高……但是，你依然坚持自己的想法，认为文化是纯粹的，不应掺杂任何的商业活动。

记得在英国伦敦大学亚非学院读硕士预科时，负责讲授文化对比研究课程的主讲老师就始终坚信，文化应是纯洁神圣的，我们应以一种尊重且严谨的心态来看待文化，而不是用商业活动来玷污它、破坏它甚至是摧毁它。之后他在批改所有学生的论文作业时也充分体现了这一理念，但凡论文作业中出现有一丝商业思维或任何与经济活动相关的蛛丝马迹都会被给予绝对的低分。当然，我在这里提及这个经历并不是想控诉这位老师的不近人情，不能开放地包容其他观点。我只是想表达，坚持文化是纯粹的、应远离商业活动观点的人是普遍存在的，至少我曾经有位老师就是其中之一。

确实，商业活动的开展，难免会对文化和艺术本身带来或多或少的冲击及负面影响。例如，旅游业的过度开发，让大量的古村落逐渐失去了往日的平静，随之而来的是当地特色文化的逐步消失，直至变成千篇一律的商业化古街。同时，由于普通话的普及和现代标准化产业化商品的大批量涌入，许多少数民族地区正面临着本族语言无年轻人会说和传统手工技艺无人传承的危机。博物馆如果过于注重商业活动的开展，势必也会慢慢地消磨掉民众对于文化和艺术的敬畏之心。当然，我们或许可以说，博物馆引入经营模式的目的是帮助博物馆更好地走近大众，让消费来拉近大众与博物馆之间的距离，提高大众对于文化和艺术的关注。但同时，过度的商业行为也会不断地向参观博物馆的人们输出一种金钱至上、贪图玩乐、乐在当下的扭曲价值观。无疑，这与博物馆对外传播优秀文化、传播社会正能量、讲好中国故事的初衷难免会有些背道而驰。因此，只有合理掌控博物馆内商业活动的规模，做好参观游客的价值引导工作，才能做到在保障商业活动正常开展的同时，最大限度地加强对文化和艺术的保护力度。

1 | 3
4
2 | 5

1 安徽徽州宏村

2 浙江嘉兴西塘镇

3 湖南湘西土家族苗族自治州凤凰古城

4 浙江桐乡乌镇

5 浙江义乌佛堂古镇

但不可否认，博物馆的文化和艺术行为离不开商业活动的助力和支撑。一方面，商业活动可以大幅提高博物馆自身在经费上的自我造血能力，将更多的资金用于博物馆的文化和艺术建设；另一方面，商业作为一种吸引、凝聚人群的有效方式，可以将参观者尽可能长时间地留在博物馆内，这在无形中为博物馆积聚人气，增加参观者接触馆藏 IP、文化和艺术的机会创造了可能。

1 故宫 IP—《千里江山图》

2 故宫千里江山随行茶具套装

1
2 3

1 苏州博物馆最重要的 IP——苏州博物馆建筑自身

2 国博 IP——彩绘雁鱼青铜灯

3 伊利 QQ 星（国博定制款）

这与我从英国伦敦大学亚非学院硕士预科学习结束到英国利兹大学开启硕士研究生学习时的感受很相似。自我进入英国利兹大学开始学习艺术画廊与博物馆学专业，我便明显感受到了这前后两段学习间的显著不同。利兹大学的老师在授课时更加贴近实际，课堂上更是毫无避讳地针对博物馆经费来源、博物馆收入等问题进行了公开的现场讲解和讨论。从亚非学院文化对比研究课程中对商业活动的避而不谈，到利兹大学博物馆学课程中对博物馆的经费问题及经营问题的现场讲解和公开讨论，此间的反差不可谓不巨大。但这也充分说明，博物馆不同于一般的文化研究机构，不应一味地回避商业行为所带来的影响，而应去正视它，以科学和辩证的态度合理看待博物馆的经营活动，并通过努力和引导使之合理地为己所用。

博物馆作为面向公众的文化机构，不仅需要承担社会主流价值观和意识形态的宣传和引导工作及文化艺术的展览展示工作，更需要立足于博物馆的长远发展，紧密关注参观者的实际需求与参观习惯。因此，面对文化艺术和商业活动两者间的冲突与矛盾，博物馆不应像文化研究机构那样单纯专注于追求文化艺术的纯洁性，而应更加灵活与包容。博物馆的文化艺术不仅不应局限于理论研究和内容展现，更应注重贴合参观人群的实际需求。以文化艺术带动商业活动，再以商业活动反哺文化艺术呈现，使之形成良好循环，从而提升博物馆的自持能力，推动博物馆实现可持续发展。

文化艺术的纯洁性和商业活动的重要性问题，像极了理想与面包哪一个更重要这一终极考题。内心始终保持对文化艺术纯洁性的追求固然美好，但博物馆终究还是需要脚踏实地，走回到人民和现实中去的。

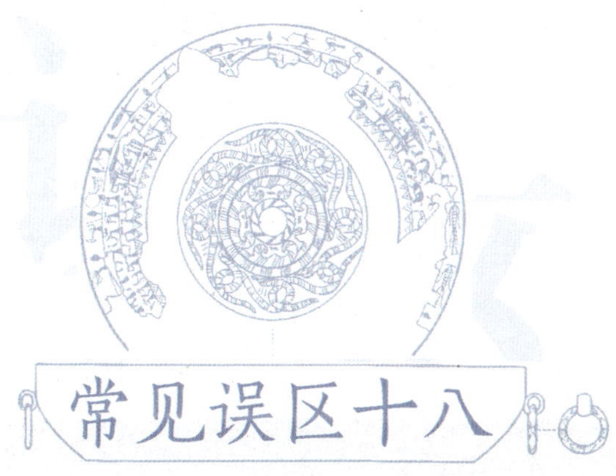

常见误区十八

博物馆经营以营利为首要目标

小牛：你知道为什么当前有这么多博物馆都在发展博物馆经营吗？

小荷：还不是单纯为了从我们参观者和消费者这里挣钱……

谈到博物馆经营，你是否会被其中所包含的“经营”二字所误导，不自觉地将其与赚钱画起等号？如果你觉得直接谈钱会略显“世俗”或者“拜金”，那我们不妨换一个词，称呼它为“经济效益”。因为，至少在博物馆范围内，“经济效益”长期以来是和“社会效益”并列出现的，所以这里我们就不使用“商业收入”一词来代称了。那么，博物馆经营真就如同你生活中经常接触的其他商业经营活动一样，以获得最大化的经济效益为最终目标吗？

首先，博物馆经营实质上是一种基于博物馆馆藏资源进行的经营活动，这注定了其或多或少会具备常见经营的基本特征，即博物馆经营可以帮助博物馆产生和获取一定量的经济效益。如同前文提及的那样，博物馆经营是博物馆通过自身努力弥补经费预算不足的重要手段。但这并不意味着博物馆可以像其他商业机构或团体一样，可以摆脱博物馆的基本特性，放开手脚，大搞商业营销，开展商业竞争。当然，不同博物馆在博物馆的经营思路、经营规模、经营方式和手段上确实会存有一些差异。例如，一般而言，私人博物馆在博物馆经营方面，如经营尺度、商业推广、经营规模等具体领域均会较国有博物馆有所放大。

2
1

1—2 中国国家博物馆特色文创经营区域

谈到博物馆经营较为成功的私人博物馆，想必你脑海中率先浮现出来的私人博物馆清单中一定含有观复博物馆吧？无论是观复博物馆馆舍文创区域内销售的文创产品，还是其抖音直播间内不断上架的琳琅满目的商品都让我们眼前一亮。观复博物馆在开展线上线下销售的同时，其部分文创产品更是延续了对观复猫 IP 的开发与利用。而观复博物馆长期以来对观复猫 IP 的不断打造与运营，如聘请观复猫担任猫馆长、观复猫参与录制《观复嘟嘟》系列节目、利用观复猫卡通形象制作各类活动及展览宣传海报、出版观复猫主题图书等一系列举措，为观复猫主题文创产品带来了长久且强劲的生命力，受到消费者的广泛欢迎。此外，观复博物馆十分擅长利用自身的各类视频节目，借用文化推广形式，穿插推广博物馆文创产品及在售艺术品。该馆无论是各类视频节目数量、市场热销类图书出版数量，还是在博物馆经营产品对外推广方面，均较国内绝大多数国有博物馆有过之而无不及。

1	2 3
	4 5 6 7

1 观复博物馆 IP——观复猫

2—3 观复博物馆文创产品延续了对观复猫 IP 的开发与利用

4 观复猫担任猫馆长

5 观复猫参与录制《观复嘟嘟》

6 观复猫卡通形象活动海报

7 观复猫主题图书

然而，如仅从收益角度来看，博物馆经营终究还是无法同其他我们常见的商业经营模式相提并论的，这往往是由其在博物馆环境下同时扮演的不同角色所共同决定的。那么博物馆经营除帮助博物馆创收营利外，还扮演有哪些角色？这些角色又是如何让博物馆经营勇于舍弃“营利至上”的诱人目标的呢？

一方面，博物馆经营是博物馆观众服务的一种延伸。博物馆经营需要时刻秉持以人为本的办馆理念，关注、重视参观者在博物馆参观过程中有可能会产生的一切潜在需求。就好比我们在参观展览时，累了需要有地方可以坐下休息，饿了、渴了需要有地方可以购买食品和饮料，观展结束后希望可以快捷方便地购买到心仪的文创产品，等等。或许参观者在博物馆的整个参观过程中与博物馆经营间产生交集或消费的机会算不上太多，但其存在的意义却不可低估。博物馆经营的存在，既可以让参观者清晰地感受到来自于博物馆的那份无微不至的关心，又无时无刻不在以一种近似无形的方式拉近和缩短参观者同博物馆间的距离。因此，在某种程度上，博物馆的经营行为是博物馆对自身公众形象的一种塑造。

另一方面，博物馆经营更是博物馆展览的一种延伸。参观博物馆展览时，你是否也曾痴迷于展览中的展品？参观结束后，你是否又希望可以借助某种载体或形式帮助你留住这份观展时的美好回忆？那么除了你在展厅内拍摄的大量照片外，挑选和购买几件心仪的博物馆文创产品无疑就是你最佳的选择了。博物馆的文创产品往往是基于馆藏或展览中的文物及 IP 研发生产出来的，不仅具有一定的实用价值，还充分融入了新时代下人们的审美情趣和使用习惯，同时，未来还可能会发挥出帮助你唤起此次观展美好回忆的神奇功效。

所以，当下博物馆文创产品作为展览生命的另一种延续，正逐步承担起帮助参观者把心爱的博物馆展览、博物馆展品和博物馆元素带回家的重要使命。

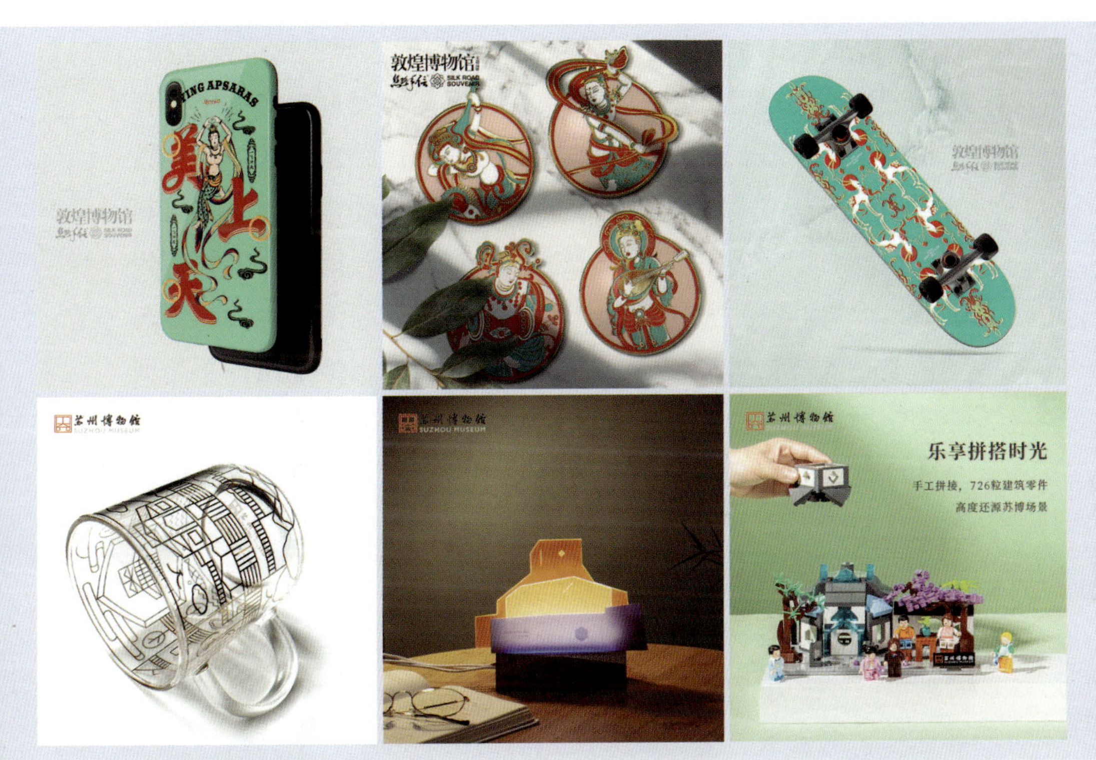

1 2 3
4 5 6

1 敦煌博物馆飞天系列文创产品——美上天手机壳

2 敦煌博物馆伎乐天系列文创产品——伎乐天书签

3 敦煌博物馆九色鹿系列文创产品——九色鹿滑板

4 苏州博物馆文创产品——方寸苏博描金玻璃杯

5 苏州博物馆文创产品——建筑物语亚克力小夜灯

6 苏州博物馆文创产品——苏博建筑小颗粒积木套装

现在，你或许已经发现，博物馆并非是由于缺乏商业思维，无法通过所谓的商业运作让博物馆经营获取更为可观的经济效益。实际上，博物馆经营仅仅是根植于博物馆框架下众多工作中的一项，这也促使其在对外开展经营活动的同时，充分保留了自身鲜明的博物馆公益性特征。博物馆将继承、传播、弘扬文化的职责和使命深深植入博物馆经营之中，长期发挥着规范和引领博物馆经营思路及发展走向的重要作用。当然，我们还要清晰地知道，博物馆经营仅仅是博物馆面向广大参观者众多窗口中的一个。对博物馆经营来说，其面向的对象更多的是亲临博物馆参观或喜爱博物馆的特定人群，而远非商家眼中单纯的“消费者”。将博物馆的职责与使命融入博物馆经营，让越来越多的人爱上博物馆，正是博物馆经营与其他商业经营活动的最大区别。

此刻，你是否突然感受到博物馆经营原来也是这么的温暖和富含人情味？如果答案是肯定的，那你不妨也在博物馆观展之余，多逛逛博物馆内的文创商店，品尝一下博物馆内的美食，让博物馆的文创产品帮助你留存住观展时的一份美好，让博物馆内那一杯杯富含人情味和文化气息的咖啡滋润你那颗渴望被关心、向文化艺术而生的心吧。

文创产品收入是博物馆除财政补助外唯一的收入来源

小牛：我感觉文创收入对博物馆来说特别重要，一定是博物馆除财政补助外唯一的收入来源了吧？

小荷：是特别重要的收入来源，但不是唯一哦。

博物馆的日常运转离不开资金（经费）的长期支持。它不仅来自于国家财政拨款，同时也来源于博物馆的各种自主创收。近年来，博物馆紧密依靠自身馆藏资源、自身组织力量、广大社会资源及市场力量积极为博物馆创收，用以满足博物馆日常运转所需的做法已逐步被越来越多的人知晓和接受。然而，你真的了解博物馆的收入来源构成吗？面对博物馆品种纷繁的文创产品，你是否会认为它就是博物馆除财政拨款外唯一的收入来源？

如果你的回答是肯定的，那你一定是太爱博物馆的文创产品了。不过，虽然这样的理解可能会有些片面或者绝对，但也不能完全算错，毕竟文创产品是博物馆创收方面十分重要且最为亮眼的一个仔。

实际上，博物馆除文创产品收入外，还有很多其他的收入来源和渠道。

除文创产品收入外，博物馆的主要收入来源多集中于餐饮经营及交流展览等方面。当你在博物馆参观时，是否有过在自动贩卖机、餐饮柜台或咖啡厅购买食物或饮料的经历呢？你是否曾留意到该馆正在展出来自其他博物馆的展品或展览？其实，博物馆在相互合作办展的过程中，无论是馆藏展品的借出还是博物馆优秀展览的外出巡展，都会为博物馆带来相应的借展费用。在国内的部分博物馆中，甚至曾一度出现了展览收入高于文创产品收入的情况。所以，一定不要小瞧博物馆的展览哦，它们可是博物馆收入的重要来源。

在博物馆参观过程中，面对博物馆内的餐饮和交流展览，虽然我们也都曾不止一次地看到过、遇到过，甚至是消费过，比如各个博物馆推出的文创雪糕，但或许正是因为它们的随处可见，我们很容易对它们的存在感到稀松平常，也很难对它们的存在留下深刻印象，更不要提把它们和博物馆创收联系起来了。

1 中国国家博物馆的陶鹰鼎雪糕

2 中国国家博物馆藏陶鹰鼎

3 三星堆青铜面具雪糕

4 三星堆博物馆藏青铜面具

1	2
3	4

1 上海博物馆大克鼎雪糕

2 上海博物馆藏大克鼎

3 江西省博物馆“小鸟虎”文创雪糕

4 江西省博物馆藏伏鸟双尾青铜虎

当然，博物馆也还有其他一些收入来源。这些收入来源种类繁多，虽不像之前提及的文创和展览收入被人们所熟知，且单项收入金额或许相对有限，但它们的出现不仅满足并保证了博物馆日常工作开展的需要，也在一定程度上缓解了博物馆经费方面的需求压力。收入种类通常会涉及博物馆新闻传媒、信息数据、后勤物业等多个方面，具体费用可能视博物馆不同而存在差异。

综上所述，博物馆的收入绝不仅限于文创产品，它还有很多常人所不熟知或经常被忽略的收入来源。但无论博物馆的收入渠道有哪些，它们都有一个共同的特征，即博物馆的所有创收方式实质上都是通过对博物馆现有资源的有效利用，使之转化成可被市场接受、消费的服务或产品，从而产生相关收益。

现在的你是否会有种眼前一亮、突然被点醒的感觉？原来，除了文创产品，博物馆还有这么多创收的渠道啊！难怪现在我国的博物馆会越办越好呢。那不妨让我们共同期盼，我们身边的博物馆都能充分发挥自身优势，不断创收，发展得越来越好吧。

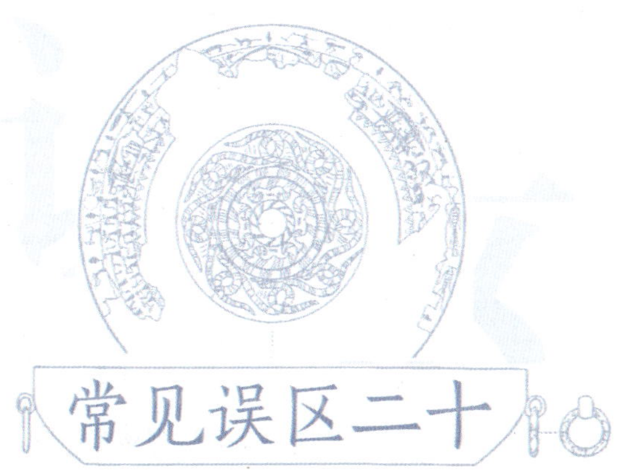

常见误区二十

博物馆文创是博物馆研发生产的玩具

小牛：博物馆的文创产品都是博物馆研发生产的玩具吧？

小荷：不是玩具却胜似玩具，博物馆会基于自身馆藏资源和IP生产各种新颖、有趣的文创产品。

如今，逛逛博物馆文创商店，挑选一两件心仪的文创产品，已成为人们参观博物馆时一个不可或缺的重要环节。即使在家或出门在外，人们也免不了会偶尔浏览下博物馆线上旗舰店，享受购物的乐趣。伴随博物馆文创市场的不断升温，越来越多的人开始走进博物馆，同时，越来越多的博物馆资源得以借助文创的形式走进千家万户。

然而，目前人们关于博物馆文创产品的理解可谓是千差万别。有人认为博物馆文创产品兼具文化气息、高颜值和使用功能，具有一定的收藏价值；也有不少人认为博物馆文创产品就是博物馆研发生产的玩具。那么博物馆文创产品是否真如这些人所想，可以理解成玩具呢？而促使人们产生这样想法的深层原因又有哪些呢？

事实上，博物馆文创产品与玩具间的关系是这样的：文创产品可以选择通过玩具的形式进行呈现，但玩具仅仅是博物馆文创产品的一个小小的组成部分。这虽然听起来有些像绕口令，但一定不要搞错哦。

如果你此时已经被绕晕了，那也没有关系，容我慢慢给你解释。

一方面，博物馆文创的确会有意识地生产一部分玩具产品，但它们大部分是为了满足包括儿童观众在内的特定人群的需要。以自然历史主题博物馆为例，无论工作后我在国内参观的国家自然博物馆，还是在留学期间参观的英国自然历史博物馆，博物馆内都有来自不同年龄段的孩童们。世界范围内的自然历史主题博物馆均已成为孩童们了解自然的重要启蒙和研学课堂。因此，为满足儿童这类特定群体的消费特点及需求，各国自然历史题材博物馆的文创产品多采取玩具或科普类书籍的形式。不仅如此，博物馆文创中研发生产的玩具有时还会承载一代人的共同记忆，该玩具产品更多的是对过去记忆和过往时光的一种纪念和致敬，就如同大英博物馆文创产品中的小黄鸭一样。小黄鸭作为最经典的浴室玩具，承载着太多人的童年或青春记忆。现在小黄鸭早已走出浴室，成为一种艺术装置，正以不同的形态融入我们生活中。

1 大英博物馆文创产品——小黄鸭
2 苏州博物馆文创产品——建筑立体木质拼图

另外，博物馆也会积极探索尝试，基于自身馆藏资源和 IP 生产各式带有相关元素的玩偶或玩具，它们虽没有设定特定的消费群体，但长期以来格外受到包括孩童以及女士们的青睐。

另一方面，博物馆文创有时确实容易给人造成近似或等同于玩具的假象。博物馆文创工作对文创设计与开发人才、市场营销人才的创新意识依赖程度高，对运营与推广理念要求普遍较高，一旦这些条件无法有效保证，博物馆的文创设计和制造就不可避免地朝着粗制滥造、千篇一律的方向滑落，渐渐地沦落为人们印象中的“小商品”，给人以廉价玩具般的质感及印象。

但从另一个角度来看，人们将博物馆文创产品带给他们的感受类比玩具带给他们的感受，有时也可看作是消费者对博物馆人辛苦努力的一种褒奖。或许正是博物馆在文创产品设计开发时的用心，赋予了其温度和新的生命，才让人们在接触到文创产品的同时，可以透过一个个精心的细节设计感受到设计师的用心，通过其蠢萌可爱的外观感受到其要溢出来的喜感与欢乐，伴随这种神奇感觉的慢慢叠加，会营造出一种不是玩具却胜似玩具的感觉。

最后，还有一点需要澄清。在现今国内的很多博物馆中，文创产品的研发、生产、销售已不再是由博物馆直接负责，而是由博物馆的馆属企业来负责，中国国家博物馆如此，很多其他博物馆亦是如此。当然，文创产品的设计和生产单独依靠博物馆某个馆属企业或子公司的力量来具体实施也是不现实的，越来越多的社会企业和民间团体正逐步参与到博物馆文创产品的设计和生产中来，同博物馆馆属企业或子公司携手为大家打造一个新颖、有趣的文创世界。

国博馆藏 IP 授权

7

你能认出博物馆内的正式工作人员吗？

常见误区二十一

博物馆内身穿制服的工作人员即博物馆正式工作人员

小牛：小荷，你能找出博物馆里的正式工作人员吗？

小荷：这有什么难的，博物馆里穿制服的不都是嘛。

你是否也曾像我一样，参观博物馆时，天真地将博物馆内所有身穿统一制服或工服的工作人员都认定为博物馆正式工作人员？进入博物馆工作以前，我也曾一度笃信，那些身处博物馆进出大门口、大厅、文创商店、咖啡馆、电梯、展厅等位置，竭诚为我们提供服务的工作人员就是博物馆的正式工作人员，即在编职工。他们统一的制服、标准的站姿、热情的服务就好像在对我们说：“看我们多专业，我们就是博物馆的正式工作人员。”

然而，进入博物馆工作以后，我才逐步意识到真相并非如此。其实，我们在博物馆内见到的绝大部分身穿标准制服的工作人员并不属于真正意义上的博物馆正式工作人员，即在编员工。大家在博物馆安检处、博物馆大厅、电梯、展厅见到的身穿工作制服的博物馆人员，多是由博物馆经公开对外招投标竞标选中的安保或其他公司各自招聘和负责管理的相关工作人员。而在博物馆经营区域内，我们经常见到和打交道的经营服务人员则多隶属于馆属企业或其他社会企业。虽然因为博物馆自身的种种原因，经营服务人员中有时会涉及部分博物馆正式工作人员，但绝大部分经营服务人员并不能算作真正意义上的博物馆正式工作人员哦。

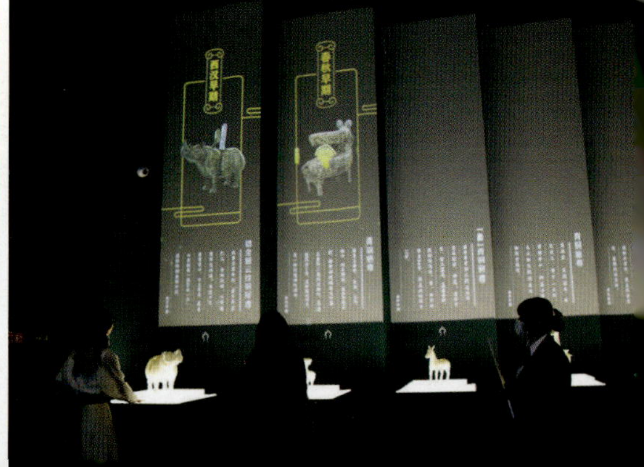

1 中国国家博物馆展厅外的工作人员
2 中国国家博物馆展厅内的工作人员
3 珠海博物馆专职讲解员讲解展览
4 中国共产党历史展览馆专职讲解员讲解展览

事实上，博物馆的正式员工多位于散落在博物馆不同方位的办公区域内，他们默默地推动着博物馆各方面事务有序向前发展，为打造高水平、高质量的精品展览，为参观者营造良好的参观体验而不懈地努力奋斗着。

当然，大家还是会在博物馆遇到身穿制服或馆服的博物馆正式员工的。

例如以下几种情况：第一，参观展览中，偶遇博物馆专职讲解员讲解展览。第二，参观博物馆时，恰逢馆内举办大型活动或外事接待。第三，重大国家法定节假日，展厅内戴有明显志愿者胸牌、证件或袖标的志愿者们很可能就是由博物馆正式员工临时担任的哦。第四，其他情况。比如部分博物馆展厅及公共区域内穿着安保制服的工作人员，部分销售区域穿着销售服务员制服的工作人员，工作期间因工作需要穿行于展厅公共区域的工作人员，等等。

听我讲了这么多，你是不是已经跃跃欲试了？博物馆迷们，赶快行动起来，走进你身边的博物馆，看看你是不是具备了一双火眼金睛，能在为数众多身穿制服的工作人员中找出隐匿其中的博物馆正式工作人员。

经过系统培训和考核后的志愿者面对观众讲解中国美术馆藏《父亲》

常见误区二十二

博物馆正式工作人员每日需穿制服上下班

小牛

难不成博物馆正式工作人员都参透了隐身术？为什么我一位也找不到呀？

或许是因为你尚未掌握找出他们的技巧。

小荷

你是否已经掌握了在博物馆中找出博物馆正式工作人员的绝技了呢？如果还没有，那可能是因为你还有一门绝技没有掌握。

很多人或许认为博物馆作为重要的文化场合，在博物馆内工作自然需要时刻注重自身形象，所以日常着装也定是西装革履或者至少也要统一。确实，博物馆会为每位工作人员定制统一的馆服。但实际上，如果工作当天没有特殊工作需要，博物馆正式工作人员一般很少会身着西服或馆服上下班。因此，即使他们在展厅内穿行，但由于身穿便服，参观游客通常也很难将他们从往来的人群中分辨出来。

不过这也并不是说，我们就完全没有办法在博物馆内的人群中辨识出博物馆工作人员。通常，每位博物馆正式工作人员都会拥有一张由博物馆安全保卫部门负责加密制作的工作证并配以一条印有博物馆特有标识图案的挂绳颈带便于日常佩戴。但由于很多博物馆工作人员更偏向于将工作证放于随身的衣兜或裤兜内，为了出入办公区方便，他们常常会将那条印有醒目标识的挂绳颈带露出并悬挂在衣裤外。因此，通过悬挂于衣裤外的挂绳颈带就可以很容易地辨别出谁是博物馆正式工作人员啦。

当然，博物馆虽然允许正式工作人员穿便装上下班，但同时仍对日常着装有一定的规定与要求，具体要求可能会视博物馆的不同存在些许差异。博物馆着装要求普遍包括：来馆上班所穿服装颜色和设计不得过于夸张前卫，不得与博物馆的工作环境不符，不得穿拖鞋上班等。具体来说，女性职工不得穿着诸如低胸、露背、露脐、短裙、短裤、吊带装、透明装、紧身装等服装，男性职工则是不允许穿着背心、短

本书作者于中国国家博物馆

裤等服装。一般而言，女性工作人员着装多以裤装、裙装为主，男性工作人员日常上班的着装则多以商务、休闲或运动装为主。

如果有时间，你不妨来博物馆亲自实践一下，检验一下你是否真的已经掌握了从茫茫参观人群中找出隐藏其中的博物馆工作人员的神奇技能。

然而，博物馆中也并非所有工作人员都需要我们如此努力才可大致分辨。位于博物馆一线岗位的部分工作人员，往往会根据自身岗位的不同，身着不同的特定制服，我们一眼就能分辨。例如，博物馆展厅内身穿讲解服的博物馆专职讲解员、博物馆公共空间内身穿有“安保”字样衣服的工作人员等。

讲到这里，大家或许已经明白，其实在穿衣方面，博物馆工作人员并没什么太大不同。同绝大多数的上班族一样，博物馆工作人员也多是穿便服上班，只不过这里的便服可能会较大家平时所穿衣服稍显正式或更偏向商务休闲一些。只有面对重要工作场合或活动，博物馆工作人员才会穿起馆服或者是西服正装，以示对活动或活动参加者的尊重。当然，同许多长期工作于一线的上班族，如销售人员、前台服务人员、安保人员、保洁人员一样，博物馆内的各类一线工作人员也会配备具有自身岗位辨识度的统一制服，以便做到整齐划一，方便观众辨识，凸显自身专业属性等。

因此，博物馆始终没有停止与社会同步发展的步伐，博物馆工作人员即使在上班着装上也与社会中的其他上班族们保持着高度的一致。静观博物馆工作人员的着装，又何尝不是社会中上班族着装的一个缩影呢?

8

你对博物馆的日常了解多少？

常见误区二十三

所有博物馆都是在周一闭馆

小牛

今天怎么是星期一？看来是没机会身穿这身汉服去博物馆拍美美的照片了……

不一定哦，有些博物馆周一也开放呢。

小荷

热爱或经常来博物馆参观的你，是否也曾在某个周一来博物馆参观，却被告知当日博物馆闭馆而被无情地挡在馆外？这些经历又是否让你坚定地认为，所有博物馆都是在周一闭馆呢？

事实上，国内方面，我国国有博物馆确实多集中选择在周一进行闭馆，但也并非绝对。部分国有博物馆为解决周一当天观众参观需求难以得到满足等实际问题，特意采取错时闭馆或全年无休等方式对外开放。例如，西安博物院、郑州博物馆等市级博物馆为有效错开位于同一城市内的省级博物馆周一闭馆时间，特意选择每周二作为闭馆时间。除此之外，西安碑林博物馆则始终坚持每日对外开放（特殊情况除外）。

1 2 3

1 西安博物院

2 郑州博物馆（文翰街馆）

3 西安碑林博物馆

当然，私人博物馆作为我国博物馆的一个组成部分，对其闭馆时间的梳理探查工作同样不容忽视。经统计发现，我国私人博物馆在每周闭馆时间的选择上可谓是千差万别。例如，由著名企业家陈丽华女士投资两亿元兴建的中国紫檀博物馆采用的是同多数国有博物馆相一致的周一闭馆措施。但由著名文物收藏家、鉴定家马未都先生创办的中国第一家私人博物馆观复博物馆则采取了除每年除夕，大年初一、初二、初三闭馆外，全年对外开放的博物馆经营思路；由收藏家路东之申请创办的古陶文明博物馆则选择在每周的周一和周二两天进行闭馆。

所以，工作忙碌之余，在你有限且宝贵的休息日或休假日里，不必再因恰逢周一，而被迫放弃或取消来博物馆参观的安排或行程。私人博物馆可以成为满足你周一参观博物馆的最佳选择。

1 中国紫檀博物馆
2 观复博物馆
3 古陶文明博物馆

此时好奇的你会不会心生疑问？既然国内并不是所有的博物馆都在周一闭馆，那国际上总应该是吧？

然而，很抱歉，你又错了……

事实上，无论是在国内还是在国外，都不存在所谓博物馆周一闭馆的国际惯例。我国大多数博物馆之所以集中选择在周一闭馆，是源于 20 世纪 70 年代中国历史博物馆（现中国国家博物馆）率先实行的周一闭馆措施。自 1985 年起，全国博物馆才逐渐形成每周一闭馆的“惯例”。因此，周一闭馆的所谓“惯例”仅仅是局限于国内的。在国际范围内，各国博物馆在每周闭馆时间的选择上其实也不尽相同。

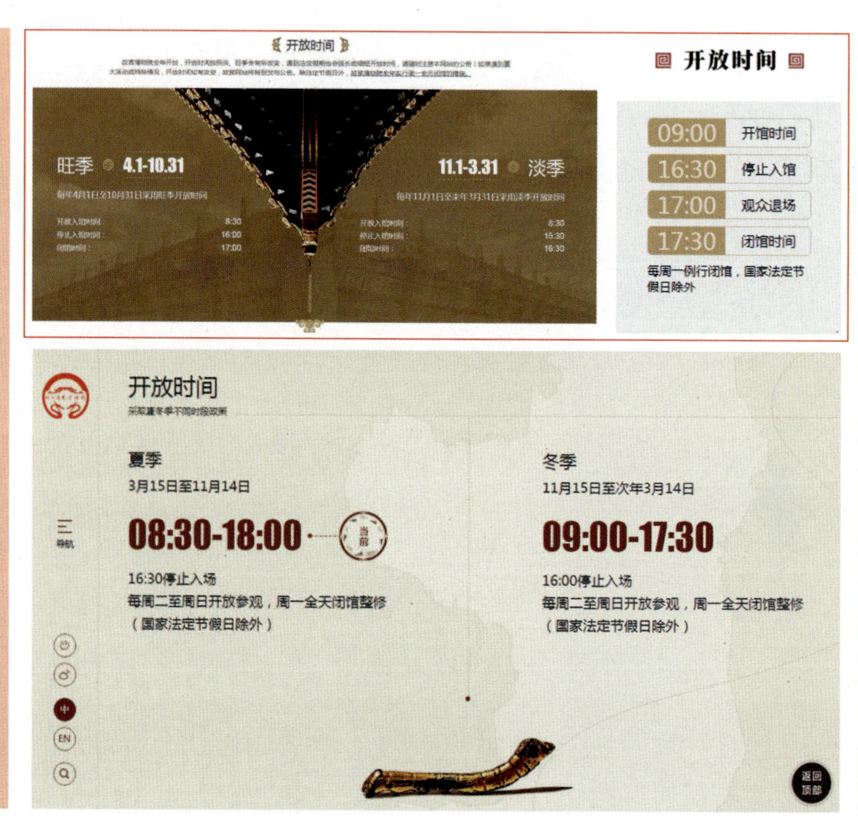

国际方面，即便仅以大家所熟知的世界四大博物馆为例，我们也可以深刻地感受到国外博物馆在每周闭馆时间选择上存在的巨大差异。

1 | 3 4
2 | 5 6

1 故宫博物院开放时间

2 陕西历史博物馆开放时间

3 法国卢浮宫除每周二闭馆外，每天对外开放

4 英国大英博物馆除元旦和圣诞节闭馆三天外，全年坚持对外开放

5 俄罗斯艾尔米塔什博物馆除元旦和 5 月 9 日闭馆外，每周一闭馆

6 美国大都会博物馆除元旦、五月的第一个周一、感恩节、圣诞节闭馆外，每周二和周三闭馆

因此，如果你正身处国外，不必过于担心周一博物馆闭馆而无法前往参观的问题啦。不过最好能在参观前，提前登录博物馆官网或者通过其他官方渠道了解一下博物馆的对外开放时间，以免白跑一趟哦。

常见误区二十四

博物馆闭馆日，博物馆工作人员不用来馆上班

小荷：博物馆闭馆的时候，你们是不是都不用上班呀？

小牛：我倒是希望这样呢。

有过因闭馆而无法来博物馆参观经历的你，是否也曾羡慕过博物馆内的工作人员？你或许在心中不止一次地惊叹，他们是何等幸福，每周五个工作日，其中至少还有一天不用上班，这简直就是梦想中的神仙单位啊！

事实上，博物馆闭馆的目的更多在于“休整”，其中就涉及博物馆工作人员的休整，主要是缓解博物馆一线工作人员一周来的疲劳和紧张心态。博物馆多选择周一进行闭馆，正是考虑到了周末观众人流量大、接待服务工作重、体力消耗大等因素，给一线的工作人员一天的时间进行休养。周一闭馆就好比多年前我们玩“三国杀”时常使用的群体性技能“休养生息”一样，为全体博物馆一线工作人员补血添活力。

现在的你是不是特别得意，认为自己猜对了？

那么，你可能要失望了。你可以再仔细地阅读下我刚刚的表述，博物馆闭馆日可以休息的可是仅限于博物馆的一线工作人员哦，而非大家所想的全部博物馆工作人员。而且，看过前文的你一定还记得，很多博物馆一线工作人员其实还不能被算作严格意义上的博物馆正式员工。另外，即使有些在编职工依照工作性质可被算作一线工作人员，或者部分在编职工因为工作原因周末到馆进行了加班，但如果没有履行相关的请假或倒休手续，周一同样是不可以休息的。因此，闭馆日真正能够休息的博物馆正式工作人员十分有限，且休息原因也多与闭馆无关。

正常来讲，博物馆闭馆当天，除一线工作人员和少数正式工作人员外，绝大部分博物馆工作人员还是需要正常上班的。虽然博物馆闭馆了，但博物馆也仅仅是暂时关闭了展厅，暂停了对参观人员的接待服务工作，这并不影响博物馆其他各项工作的正常开展与继续推进。

当然，我身边也时常会有朋友好奇地问，周末博物馆也是对外开放的呀，那周末你们到底用不用上班呢？

其实，这个问题回答起来还是比较复杂的，需要根据具体情况来判断。通常，与闭馆日的情形刚好相反，除工作在一线的博物馆人员、安保人员及其余保障人员外，其他博物馆工作人员正常都是可以在双休日休息的。然而凡事都有特例，如双休日恰逢外事接待，大型活动，节假日来馆参观人员数量暴增，博物馆举办夜游博物馆、社教等活动时，相关部门的工作人员还是需要来馆加班的。

其实，博物馆人就同其他的上班族一样过着每周一至周

节假日的秦始皇帝陵博物院

1 2	5
3 4	6

1—2 2019 年 2 月 19 日，故宫博物院上演“紫禁城上元之夜”元宵节文化活动

3—4 2019 年 12 月 13 日，孔子博物馆重启夜场开放模式

5—6 2021 年 5 月 28 日，三星堆博物馆举办“走进三星堆，读懂中华文明”主题活动

三星堆主题灯展
05
28
精彩即将呈现
走进三星堆
读懂中华文明
Sanxingdui Culture
A Threshold to Chinese Civilization

五上班、双休日休息的正常生活。博物馆的闭馆也并非意味着博物馆工作的暂停，闭馆仅仅是博物馆在重启新一周工作前的一次重要短暂休整。同时，即使是周一博物馆人也会继续坚守岗位，正常开展相关工作，为博物馆事业的发展持续贡献自己的智慧与力量。

博物馆工作人员每天的上下班时间为“朝九晚五”

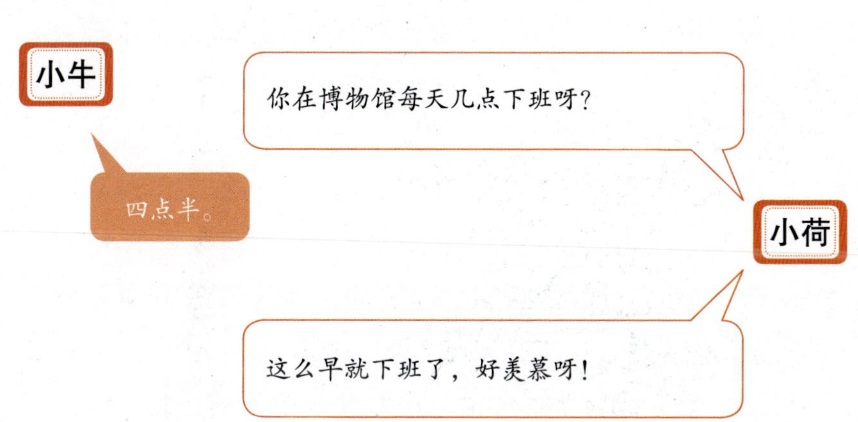

在与身边非文博行业朋友的沟通交流中，我时常会被问及在博物馆工作何时上下班的问题。随着被询问次数的不断增多，我慢慢发现这其中有一种非常有趣的现象：几乎所有人都不约而同地将关注和询问的重心放在了对博物馆下班时间的询问上，而博物馆上班时间却鲜有人主动问及。

同时，我开始慢慢发现，人们往往更倾向于参考自己的上下班时间来类比、推断博物馆的上下班时间。朝九晚五或许是当前社会人们最为期待的工作状态。因此，认为博物馆的工作是朝九晚五的人自然占据了绝大多数。当然，也有相当一部分人由于在外企或私企工作，常常因需要加班而下班时间较晚，所以他们常常偏向于认为博物馆的工作时间为早上 10:00 前后至晚上 6:00 或 7:00。

然而，博物馆的工作时间并不是人们想象中的朝九晚五或其他时间，也不是博物馆的每日对外开放时间。现阶段，博物馆的上下班时间普遍集中在上午 8:30 至下午 4:30 前后，当然，部分博物馆规定的上下班时间也可能会有所推迟或提前。但总体上讲，虽然博物馆的上下班时间较朝九晚五有所提前，但也大致实现了上班族对八个小时理想工作时长的美好愿景。

当人们得知博物馆的下班时间多集中在下午 4:30 前后时，多会不经意间流露出十分惊诧的神情，纷纷表示羡慕嫉妒，还有“恨”。然而，殊不知很多工作人员是很难在下午 4:30 前后准时下班的，因为他们经常会有很多迫切的工作亟待解决和完成。

另外，当你惊讶于博物馆下班时间早的同时，是否留意到博物馆上班时间也相对较早的情况呢？不同于私企和外企中普遍的早上 9:00 至 10:30 之间的上班时间，博物馆每天早上 8:30 的上班时间应该可以算作是相对较早的了吧？

那么为什么博物馆要将上班时间定得这么早呢？

首先，我国的博物馆多以国有博物馆为主，属于事业单位性质。如果细心对比可以发现，其实博物馆每天早上 8:30 的上班时间相比国企中普遍实行的 8:00 上班时间，向后推迟了不少呢。因此，博物馆的上班时间其实也算不上很早了。

其次，博物馆将上班时间定在早上 8:30 前后，是为了给一线的工作人员预留出时间以完成开馆前的各项准备工

中国国家博物馆门口安检人员及展厅服务人员在进行培训演练

博物馆展厅卫生清洁

作。例如，每天早晨当我在上班途中穿行于尚未对外开放的展厅时，总是能在不经意间看到大家忙碌工作的场景：门口安检人员及展厅服务人员在进行培训演练，博物馆展厅及开放空间的灯光逐一开启，销售柜台中的产品逐一整理摆放，展厅的卫生清洁，等等。正是这些看似普通的工作以及一线博物馆工作人员不懈的努力、细致的工作态度和饱满的工作热情，才确保了博物馆每天都能以崭新的面貌迎接和服务好观众。

同时，对于并非工作在一线的博物馆工作人员来说，早上 8:30 的上班时间也可以帮助他们尽快地进入工作状态，制订一天的工作计划，开启崭新一天的工作。

常见误区二十六

在博物馆工作是轻松的

小牛

总的来说，在博物馆工作是不是特别轻松呀？

小荷

这可不见得，要具体情况具体分析。

平日里，我与身边从事非博物馆行业朋友们的聊天往往是这样的：

问：“你在哪里上班？”

答：“博物馆。”

问：“这么厉害。那你们平时的工作强度是不是很低，特别轻松？”

答：“为什么这么问？”

问：“你们的工作无非就是办个展览，其他也没什么可忙的了呀。”

答：……

或许很多人在潜意识中，会不自觉地将在博物馆工作与诸如轻松、悠闲一类词画上等号。而造成这种误解的原因往往源于人们对博物馆工作知之甚少。

自诩为博物馆达人的你，是否也曾凭借自己对博物馆的多年参观经验和自我理解，认为博物馆的工作是简单且轻松的呢？你或许认为博物馆工作无非就是展厅内肉眼所见的那些工作，如展览、经营、安检、保洁等。而在这些工作中，除展览和经营等少数几项工作外，其他工作在你看来或许也并没有什么太高的专业或技能要求。所以，你或许很自然地就推断出博物馆工作是轻松的这一结论。

事实上，博物馆的工作绝非像你们想象的那么单一和简单。

首先，就以看似最为稀松平常、最没有技术含量的门口安检工作说起。目前国内很多博物馆的安检工作是外包给有资质的第三方安保公司来负责的，博物馆并不直接参与管理。

安保公司对安检人员的管理和培训是十分严格的。每天早上当我上班从博物馆门前经过时，经常会发现他们早已全部到岗，举行早会，总结前一日工作中的不足。同时，他们也时常会利用开馆前的宝贵时间，两人一组相互演练安检程序与步骤，力求做到标准、规范、无遗漏。所以，或许在我们看来最不起眼的工作，其背后都有着常人难以想象的付出和辛劳。

其次，博物馆展厅内的展览其实也并非像人们想象的那么简单。举办一个展览就如同完成一项工程，有着相对固定的筹备期限，同时需要涉及馆内外多个部门的协同、外单位的支持及上级机关的审批等。若涉及国际交流展览，需要负责的事项和所需的时间成本还会有所增加。

1 2　1—2 中国国家博物馆“科技的力量”展览的安保人员

另外，“一座博物馆就是一座大学”，就如同大学的工作不仅限于教学一样，博物馆的工作也绝不仅限于举办展览。跟大学一样，博物馆一般也有自己的行政部门（如办公室、人事、财务等）、科研部门和保障部门（如后勤、安保等）。同时，博物馆的工作还涉及国际事务，经营，藏品征集、保管及修复等多项工作。以故宫博物院和上海博物馆为例，故宫博物院就下设部门 40 个，上海博物馆则设有部门 24 个。单从博物馆下设的部门数量上我们便可得知，博物馆的工作不可谓不庞杂。

《机构设置》

院办公室	党委办公室	器物部	故宫学研究所	工程管理处
人事处	纪检监察办公室	宫廷历史部	研究室	行政处
财务处	工会办公室	文保科技部	出版部（故宫书画教育中心）	基建处
国际交流处（港澳台办公室）	离退人员服务处	展览部	修缮技艺部	北院区管理处
法律处	事业发展部	数字与信息部	考古部	消防处
文化产业管理处	文物管理处	图书馆	文创事业部	安全技术处
审计处	科研处	古建部	保卫处	故宫世界遗产监测处
接待处	书画部	宣传教育部（故宫国际博物馆协会培训中心办公室）	开放管理处	文物保护标准化研究所

上海博物馆

上海博物馆馆长室		上海博物馆党委
党委办公室	青铜研究部	图书馆
人事处	陶瓷研究部	文物保护科技中心
保卫处	书画研究部	信息中心
办公室	工艺研究部	开放部
财务处	陈列设计部	出版摄影部
工程部	文化交流办公室	展览部
物业管理部	保管部	考古研究部
上海博物馆文化创意有限公司	教育部	文化创意中心

此时，你是不是心生疑惑？你或许在想，博物馆的内设部门数量多只能说明博物馆工作的种类多，但并不能证明博物馆工作就一定不是轻松的啊。况且同样的工作量，部门越多、工作分摊得越具体，每人承担的工作不是越少、越轻松了吗？

答案当然是否定的。伴随着博物馆工作的不断细化，博物馆工作正朝着“精耕细作”的方向发展。伴随各项工作的不断推进、相关规章制度的不断完善，博物馆所需承担的工作量也在快速增加，同时，博物馆对各项工作完成的精细度也提出了更高的要求。因此，加班也正成为博物馆工作的常态。当夜晚来临，博物馆里仍会有不少窗户透出明亮的灯光，照亮着博物馆前行的路。

1 故宫博物院机构设置（40 个部门）

2 上海博物馆组织架构（24 个部门）

常见误区二十七

博物馆工作中有很多机会“亲密接触”博物馆馆藏

在博物馆工作，是不是想看哪件藏品就看哪件，想摸哪件就摸哪件？

小牛

净想美事！有的人即使在博物馆工作了一辈子，也没有“亲密接触”过一件博物馆藏品呢。

小荷

提及在博物馆工作，你一定会立刻联想到博物馆内丰富的馆藏，惊叹在博物馆工作的人们是何等幸福，每天都可以与这些精美的古代和近现代艺术品为伴，有着多到数不清的可以和博物馆馆藏“亲密接触”的机会。当然，这里所谓的“亲密接触”，指的是可以除去博物馆展柜橱窗的阻隔，更为亲近地去接近藏品，感受它们的呼吸与脉动。

然而，你错了，而且是彻彻底底地错了……

事实上，出于文物安全考虑和每位博物馆工作人员负责工作事项的限制，博物馆内只有很小一部分工作人员才有机会可以“亲密接触”到博物馆馆藏。他们可能是博物馆的文物保管人员、展览的策展人、策展组成员等少数特定人群。他们可以“亲密接触”博物馆馆藏的原因，并不单纯在于他们是博物馆工作人员，而更多在于他们实际工作中的确有需要。相关工作可能是藏品保管、展览策展和布展、馆藏文物修复及保护等。除此之外，若无特殊情况，其他博物馆工作人员一般很难有机会近距离接触到博物馆馆藏。

当然，凡事都有特例，特殊情况可以是：（1）因课题或科学研究需要，需从文物库房调阅相关藏品开展研究，且调阅申请已经得到博物馆领导批准同意；（2）在对到访博物馆的国内外来宾的接待中，如重要外宾或来宾提出希望参观文物库房，唯有经博物馆领导和博物馆相关文物保管部门批准和同意后，外宾或来宾及相关博物馆接待人员才会被准许进入文物库房。

所以，现在你还会坚持认为，所有博物馆工作人员都是有很多机会来“亲密接触”馆藏文物吗？其实，绝大部分的博物馆工作人员同普通观众一样，更多的只能通过午休或休

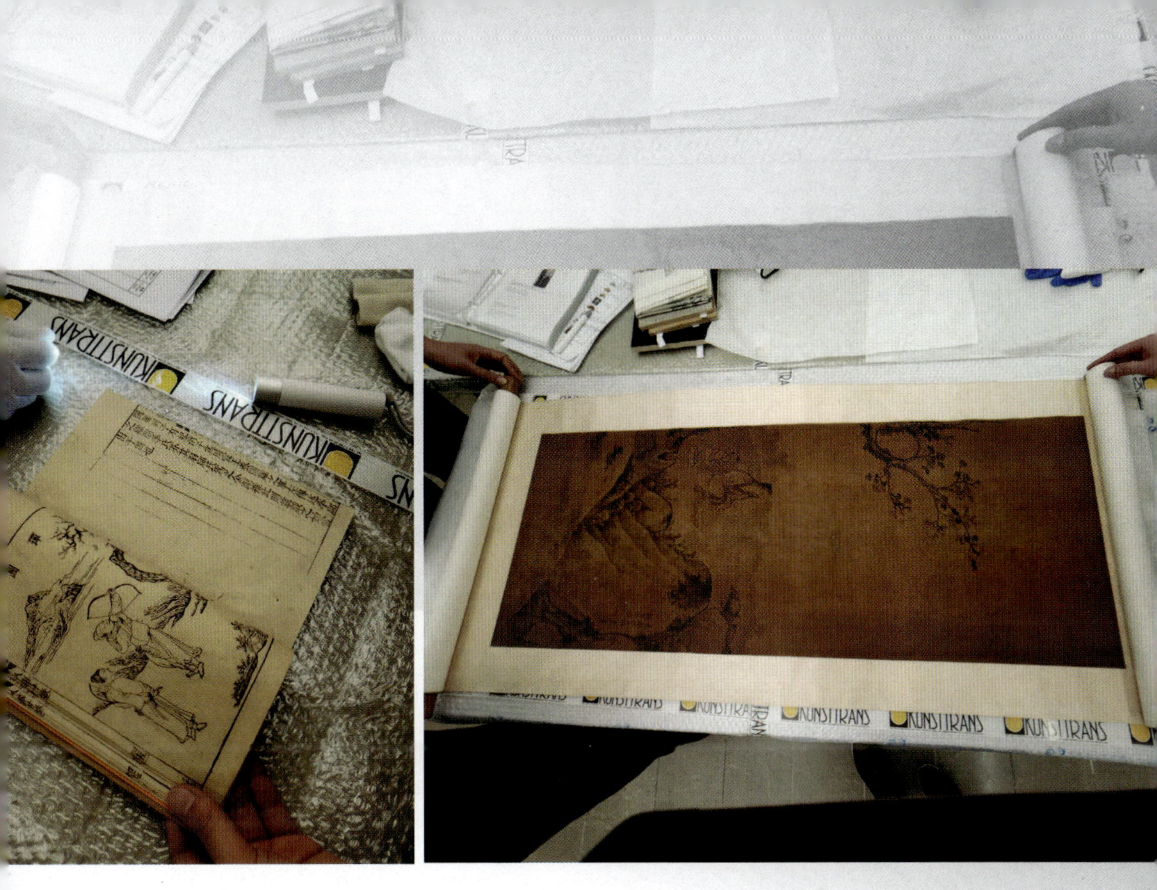

1 2

1 策展人“亲密接触”中国国家博物馆藏《三才图会》，2018 年该藏品于塞尔维亚国家博物馆展出

2 策展人“亲密接触”中国国家博物馆藏《东篱征士图》，2018 年该藏品于塞尔维亚国家博物馆展出

息日观展的方式，来和博物馆的馆藏隔着橱窗来个所谓的“亲密接触”啦。

知道真相的你，可一定不要失望哦。因为博物馆真的有很多精美的藏品，等待着我们去探索、去了解、去感受。让我们走进博物馆，一起感受博物馆藏品带给我们的震撼和无穷魅力吧。

你是否渴望来博物馆工作，却怕自身条件不够？

常见误区二十八

来博物馆工作必须具有文史、文博方面的专业背景

小牛：学理工科的我，恐怕这辈子是和来博物馆工作无缘了。

小荷：先别灰心，其实还是有机会的哦……

有着浓浓博物馆打卡情结的你，是否也期待着有朝一日能来博物馆工作，完成从小以来的夙愿？但是拥有不同学术背景或正在从事其他行业的你，是否也在担心博物馆会要求应聘者必须要具有文史或文博方面的专业背景呢？

在大家对于博物馆的第一印象中，博物馆的工作多是围绕文化、历史、文博三个方面展开的。长期以来，博物馆面向观众乃至社会传递且输出了丰富的历史信息与浓厚的文化氛围，而且博物馆自带文博属性，这一切都让我们不由自主地认为，如果想要来博物馆工作，就一定要具有文史或文博专业背景。如果所学专业不属于上述这些专业，即使再热爱博物馆，想来博物馆工作，最终也将难以被博物馆所接受。

事实真的如此吗？

北京市文物局

Beijing Municipal Cultural Heritage Bureau

政务公开 新闻资讯

北京市文物局局属事业单位2023年第三批公开招聘工作人员公告

一、招聘单位

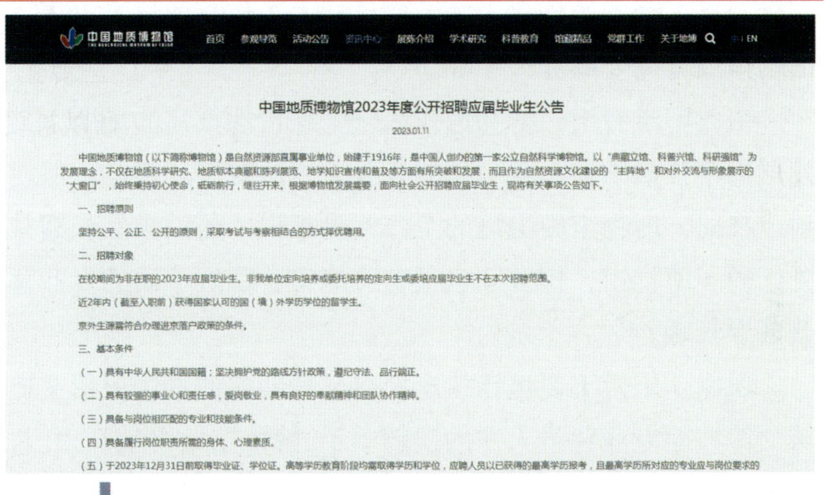

中国地质博物馆2023年度公开招聘应届毕业生公告

2023.01.11

中国地质博物馆（以下简称博物馆）是自然资源部直属事业单位，始建于1916年，是中国人创办的第一家公立自然科学博物馆。以“典藏立馆、科普兴馆、科研强馆”为发展理念，不仅在地质科学研究、地质标本典藏和陈列展览、地学知识宣传和普及等方面有所突破和发展，而且作为自然资源文化建设的“主阵地”和对外交流与形象展示的“大窗口”，始终秉持初心使命，砥砺前行，继往开来。根据博物馆发展需要，面向社会公开招聘应届毕业生，现将有关事项公告如下。

一、招聘原则

坚持公平、公正、公开的原则，采取考试与考察相结合的方式择优聘用。

二、招聘对象

在校期间为非在职的2023年应届毕业生。非我单位定向培养或委托培养的定向生或委培应届毕业生不在本次招聘范围。

近2年内（截至入职前）获得国家认可的国（境）外学历学位的留学生。

京外生源需符合办理进京落户政策的条件。

三、基本条件

（一）具有中华人民共和国国籍；坚决拥护党的路线方针政策，遵纪守法、品行端正。

（二）具有较强的事业心和责任感，爱岗敬业，具有良好的奉献精神和团队协作精神。

（三）具备与岗位相匹配的专业和技能条件。

（四）具备履行岗位职责所需的身体、心理素质。

（五）于2023年12月31日前取得毕业证、学位证。高等学历教育阶段均需取得学历和学位，应聘人员以已获得的最高学历报考，且最高学历所对应的专业应与岗位要求的

1 中国园林博物馆 2022 年度公开招聘工作人员公告

2 北京市文物局局属事业单位 2023 年第三批公开招聘工作人员公告

3 中国地质博物馆 2023 年度公开招聘应届毕业生公告

拥有理工科学历或其他学历的你，千万不要灰心哦。没准博物馆正张开臂膀，期待着你的加入呢。

如果你时常关注博物馆招聘信息的话，或许会惊奇地发现，博物馆在实际招聘当中关于应聘者专业的要求实际上远不止文史和文博两个专业，招聘面向的专业可谓是五花八门。

实际上，博物馆的工作纷繁复杂，有着很强的跨学科特点，所以，依据部门和具体工作岗位的不同，博物馆对拟招聘人才的专业背景和相关能力的要求也会有所不同。例如，综合业务部门需要写作人才，新闻宣传工作需要新闻人才，国际联络工作需要外语人才，信息技术工作需要技术人才，博物馆经营需要商业人才等。

由此不难看出，博物馆作为一个综合性很高的场所，其发展离不开多学科、各类型的专业人才的支持。因此，即使对于在同一博物馆内上班的工作人员来说，他们虽然长期共处于同一博物馆，相互间也很有可能有着截然不同的专业背景或专长哦。

所以，千万不要再让执念把自己禁锢在博物馆只招文史或文博方面专业背景人才的误解中了。博物馆始终敞开大门，欢迎各界人才。如果你真心热爱博物馆，渴望日日与博物馆为伴、见证博物馆的发展，那么请你不要犹豫，立刻行动起来，积极准备，为应聘博物馆工作而努力吧。

常见误区二十九

博物馆工作人员都是精通文物鉴定或艺术品鉴赏的“世外高人”

小牛：你既然在博物馆工作，肯定懂文物鉴赏吧，快帮我看看这件东西怎么样。

小荷：你这可难倒我了！

怀揣博物馆工作梦想的你，是不是时常在为自己不懂文物鉴定或艺术品鉴赏而感到苦恼？

或许你是名历史爱好者，浓厚的兴趣促使你一次又一次来博物馆观摩馆内各类精美展品，渴望从中学习和感悟到文物鉴定或艺术品鉴赏的真谛，因而逐步萌发出想要来博物馆工作的憧憬；或许你是名艺术爱好者，但面对博物馆中陈列的抽象现代艺术品，有时却也一筹莫展，苦于无法真正了解和领悟现代艺术品的创作灵感及思想表达；或许你是个对文物和艺术品一窍不通的"菜鸟"，但你是否也对电视鉴宝类节目中经常看到的博物馆专家现场鉴定宝物的场景记忆深刻？

1 北京美术馆内观摩美术作品《太行铁壁》的观众

2 中国国家博物馆藏四羊方尊四周观看的观众

3 在南昌汉代海昏侯国遗址博物馆藏青铜雁鱼灯前驻足的观众

面对博物馆招聘，你是否担心因为自己不懂文物鉴定或艺术品鉴赏而难以满足博物馆的基本招聘要求，从而对来博物馆工作望而却步？因为你坚信，博物馆工作人员一定都是精通文物鉴定或艺术品鉴赏的。

或许此时的你已经猜到我想要说的了，并不是每位博物馆工作人员都是鉴宝或鉴赏大家。因为，文物鉴定或艺术品鉴赏对一个人的专业背景、自我积累、个人经历、领悟能力都有着较高要求。如果要求博物馆所有工作人员都是鉴定鉴赏领域的专家，注定是不现实的。

事实上，博物馆确实有工作人员是精通文物鉴定或艺术品鉴赏的，但往往仅限于一部分特定人群，而更多的博物馆工作人员其实并不十分擅长文物及艺术品的鉴定和鉴赏工作。所以一般在博物馆招聘时，只要不是极少数相关要求较高的岗位，博物馆很少会做这方面的规定和限制。当然，也不能排除从事其他工作的博物馆工作人员通过自身不懈的学习和经年累月的积累，掌握相关鉴定或鉴赏能力的可能性。但无论如何，即便是专家也难以掌握全部门类藏品或艺术品的鉴定或鉴赏知识，只能确保在自己熟知的一至几个少数门类内熟练掌握相关鉴定或鉴赏知识。

当然，面对博物馆工作人员在文物、艺术知识掌握方面存在的不平衡、不充分现状，博物馆也正在积极行动，努力作为，通过举办对内讲座及培训等方式，提高工作人员的综合专业素养。

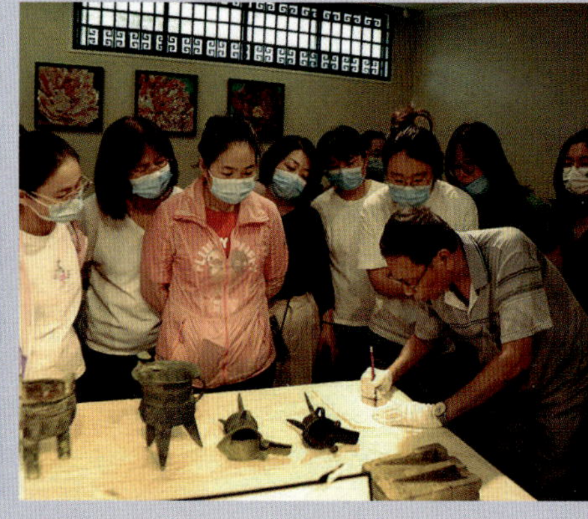

1 2 | 1 河南博物院 2022 年文物鉴定培训班开班仪式现场
2 河南博物院举办 2022 年文物鉴定培训班（专家现场授课）

得知真相的你，是不是顿时感觉轻松不少，不用再为自己是一只在文物鉴定和艺术品鉴赏方面的“菜鸟”而担心被博物馆嫌弃了吧？赶快鼓起勇气，向你心仪的博物馆提交你的应聘申请吧。

当然，如果你身边有在博物馆工作的朋友，也千万不要再拿自己的“宝贝”去折磨他（她）了。因为他（她）或许和你一样，难辨宝贝的真假与优劣。你要知道，面对来自朋友的热情，却难以袒露实情，还要强装镇定、不懂装懂的滋味真心不好受。

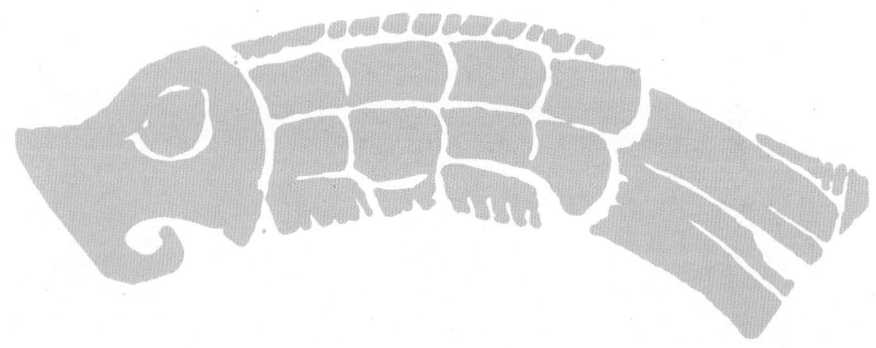

到博物馆应聘的竞争程度看似并不激烈

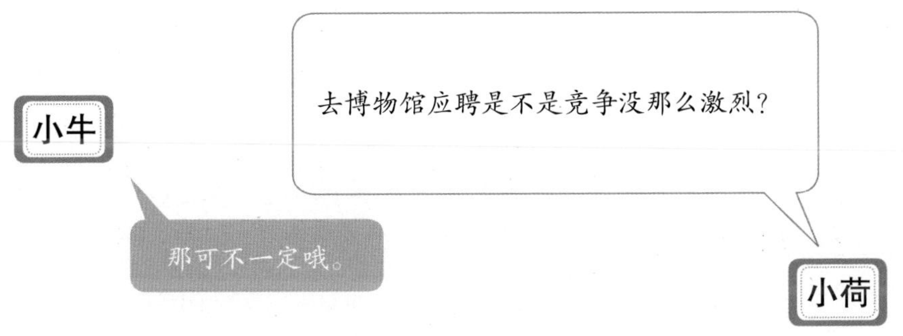

在职场竞争日益激烈的当下，想要找到一份满意的工作正变得越来越难。伴随应聘者整体学历水平和综合能力的快速提升，以及招聘单位对入职人员的要求不断上调，入职竞争的激烈程度也正在以越来越快的速率不断向上攀升。

或许目前你正在从事商业或互联网行业，经历过太多的血雨腥风和一次次应聘的摧残。那么，你是否会想尽快从这片充满激烈竞争的红海脱身，寻找你所期盼的那一片蓝海呢？此时你是否会不自主地将自己关注的目光转至你身边的那些博物馆？因为你或许认为，博物馆看起来是一个很安逸、与世无争的地方，到这里应聘也一定会相对轻松容易得多吧。

然而，安静并不等同于安逸，文化工作也绝不等同于与世无争。实际上恰恰相反，每年都会有大量人员报名参加博物馆的招聘活动，而博物馆每年所能向社会提供的就业岗位却是非常有限的。

就拿我找工作时的经历与感受为例。英国读研期间，我一直坚定地认为，我学的是博物馆学专业，北京又有那么多优秀的博物馆，找一份博物馆工作应该并非难事。然而，真到回国后找工作时，我却发现原来是自己想错了。

首先，在查询招聘岗位，参加笔试、面试的过程中，我清晰地感受到了来自提供招聘岗位的博物馆数量稀缺和各岗位计划招聘人数的相对有限双重因素给我带来的极大压力。因此，每次面对来之不易的应聘机会时，我都格外珍惜，全力以赴。

其次，我发现即使是博物馆学专业这样的金字招牌，在国内的博物馆招聘中也并不占优势。在阅读博物馆各岗位的专业要求时，我发现它们多指向诸如历史学、考古、外语、财务等技能性强的专业，而具体面向诸如“博物馆学”这样万金油类专业开发的岗位却是少之又少。即使部分岗位有所涉及，招聘人数也多被限定在 1 至 3 人之间。

同时，伴随近年来文化热现象不断升温，越来越多的人开始走进博物馆。来博物馆工作正快速成为人们应聘工作的选项之一,每年都会有大量人员踊跃报名参加博物馆的招聘。其中，像故宫博物院、中国国家博物馆等国内重要博物馆，每年前来报名应聘的人员数量之多、竞争强度之激烈更是尤为明显。

比如我在应聘国内某知名博物院时，笔试阶段就曾亲历了近 20 个考场同时开考的盛景。此时的你是不是已经开始冒冷汗，不住地感慨竞争的激烈了呢？其实，我想说，这近 20 个考场的应聘人员已经经过了前几轮的初步筛选。所以，实际报名应聘的人员数量应该是要远多于参加笔试人员数量的。

如果你认为应聘博物馆工作的难度仅在于竞争者人数众多，那么你就大错特错了。那些潜伏在你身旁，看似表现平平的竞争者们往往都如同潜藏的蛟龙，他们或许外表看起来平淡无奇，实际上却都有着极强的学术背景和极高的个人素养。在应聘各博物馆的过程中，我同身旁其他应聘者简短寒暄时，常常会诧异地发现自己的身边原来暗藏大量的博士，更不要说来自 211、985 高校或从国外留学归来的硕士了。其中，我参加国内某知名博物馆招聘的面试环节经历至今让我记忆犹新。当面试官问及我们已出版的学术成果时，与我同一批参加面试的一位应聘者表示，他已公开发表过多篇 CSSCI（中国社会科学引文索引）和 SSCI（社会科学引文索引）文章。那一刹那，他强劲的科研能力不禁让我心头一颤，同时也让我深刻地感受到了博物馆应聘竞争的激烈。

1 内蒙古包头博物馆招聘的面试环节

2 2020 年 3 月“春暖花开国聘行动”中国国家博物馆春季招聘“云”宣讲直播

此时的你是否还坚持认为应聘博物馆的工作是相对轻松、容易的呢？你是不是有一种被“颠覆三观”、需要重视应聘的感觉？同时，你是否对应聘博物馆的工作岗位开始心生畏惧，打起了退缩的念头？

然而，面对挑战，我们不但不应退缩，反而更应去披荆斩棘、乘风破浪，以求实现个人的人生价值和人生梦想。面对数量众多和高手云集的竞争者，我们更应该坚守初心、筑牢信心，坚信人人皆有所长。通常，博物馆在确定招聘人选时，固然会看重应聘者的学历和学术成果，但更多的还是会关注应聘者的个人能力及其对博物馆工作的理解与未来设想等多项内容，毕竟最适合博物馆需求、最符合博物馆当下人才缺口的才是最有可能进入博物馆工作的。

实际上，博物馆始终跟随时代发展的脚步不断向前发展，越来越多的时代科技成果及相关理念在博物馆内得以展现或应用，如展厅内逐步增加展陈的近现代科技、展厅内推广应用的投影技术及沉浸式体验区的设置与升级、博物馆线上虚拟展厅的开发与建设、博物馆专属数智人的研发与创建，等等。面对时代的发展，博物馆也正衍生出越来越多与之相匹配的新业态，以满足新时代下人们对博物馆的新需求与新期待。这就意味着博物馆未来可能会需要更多新型人才的加入，共同努力将博物馆建设得更加智能与智慧，使博物馆发展更加贴合新时代下博物馆发展的相关需求，使博物馆的发展跟上时代发展的步伐。因此，如果能够找准博物馆的未来发展目标并为之不懈努力的话，说不定进入博物馆工作还是很有希望的呢。

最后，祝大家好运啦，咱们博物馆见。